불안과 생활 속 거리 두기

Von der Angst zum Seelenfrieden by Elisabeth Lukas, Reinhardt Wurzel
Copyright © 2015 VERLAG NEUE STADT

불안과 생활 속 거리 두기
2020년 11월 1일 초판 1쇄 펴냄

지은이 • 엘리자베스 루카스, 라인하르트 부르첼
옮긴이 • 황미하
펴낸곳 • 도서출판 일므디
전자우편 • llmeditbook@ gmail.com

ISBN 979-11-970317-3-1 03180

값 13,000원

**이 책의 한국어판 저작권은 도서출판 일므디에 있습니다.
저작권법에 의해 한국 내에서 보호를 받는 저작물이므로 무단 전재와 무단 복제를 금합니다.**

이 도서의 국립중앙도서관 출판예정도서목록(CIP)은 서지정보유통지원시스템 홈페이지(http://seoji.nl.go.kr)와
국가자료종합목록 구축시스템(http://kolis-net.nl.go.kr)에서 이용하실 수 있습니다. (CIP제어번호: CIP2020037534)

● 로고테라피, 불안을 평온으로 바꾸는 의미의 힘 ●

불안과 생활 속 거리 두기

엘리자베스 루카스, 라인하르트 부르첼 지음

황미하 옮김

● 차례 ●

저자의 말 7

옮긴이의 말 12

마음이 불안하면 몸도 아픕니다	17
힘들 때에는 변화가 필요합니다	41
마음에 힘을 주는 삶의 기술	59
다른 이의 평가는 중요하지 않습니다	75
누구에게나 힘든 날이 있습니다	101
상처받는 마음을 어떻게 보호할 수 있을까요?	117
부정적인 생각은 타인에게도 영향을 줍니다	131
일은 당신의 전부가 아닙니다	145
이제 불안이 즐거움으로 바뀝니다	175

● 저자의 말 ●

같은 것을 다르게 바라보기

 폭염이 기승을 부리던 낮이 지나고 어느덧 저녁때가 되었다. 이제 제법 시원한 산들바람이 텐트가 있는 개울가 쪽으로 불어왔다. 위르겐과 나는 밤하늘에 떠 있는 별의 사진을 찍는 것이 취미다. 그래서 우리는 프랑켄 지방 뇌르트링어 리스Nördlinger Ries에 있는 분화구에 왔다. 시간이 좀 지나자, 청명한 저녁 하늘에 바람이 더 이상 불지 않았다. 그리고 지평선 위로 먹구름이 서서히 몰려들더니 번갯불이 번쩍하면서 상공을 가르고 지나갔다. 이는 예정에 없던 사진 쇼가 시작되는 신호탄이었다. 여름밤에 쏟아지는 뇌우의 모습이라니! 우리는 재빨리 카메라 대를 세웠다. 멀리서 번개가 번쩍이며 카메라의 메모리에 그 멋진 흔적을 여럿 남겨 놓았다. 나중에 우리에게 흥분을 안겨 줄 그런 장면들이 찍혔다. 우리는 위험하지 않았다. 거센 폭우가 쏟아졌지만 우리는 안전한 장소에 있을 수 있었다. 근처에 세워 둔 자동차라는 최상의 대피소가 있었기 때문이다. 우리는 자동차로 대피했다. 얼마 뒤에 검은 비구름은 상공을 빙빙 돌면서 서서히 지나갔다.

뉘른베르크의 여름밤, 같은 시각에 질케는 거실에 앉아 텔레비전에서 방영하는 주말 프로그램을 봤다. 그러다가 갑자기 깜짝 놀랐다. 멀리서 우르릉거리던 천둥소리가 점점 가까워지면서 귀를 때렸다. 비가 퍼붓고 번개가 번쩍거렸다. 그녀는 패닉 상태에 빠져들기 일보 직전이었다. 이런 상황에 처할 때마다 자신이 같은 반응을 보인다는 사실을 그녀는 잘 알았다. 그녀가 사는 다가

구 주택의 다른 여섯 가구는 비가 퍼부을 때 위협을 느끼지 않는다. 그러니 그녀도 위협을 느끼지 않아야 할 텐데 뇌우가 쏟아질 때마다 그녀는 집을 작은 요새로 만든다.

먼저 창가로 달려가 모든 블라인드를 재빨리 내린다. 번개의 환한 빛이 조금이라도 비치지 않게 하려는 것이다. 문도 모두 걸어 잠근다. 그리고 나서 질케는 화장실로 직행한다. 최소 20분간 지속될 설사에 대비하기 위해서다. 이는 감정과 연관되어 나타나는 신체적 증상이다. 공포가 질케를 덮친다! 그녀는 마음을 억누르는 이 공포의 위력에 질식할 것만 같다. 천둥소리가 더 이상 들리지 않고 다시 고요가 찾아올 때까지 항상 이 행동은 되풀이된다. 긴장을 완화해야겠다는 생각은 할 수 없다.

이 두 장면은 동일한 자연 현상에 대처하는 행동을 기술한 것입니다. 살다 보면 이따금 극한 상황에 직면합니다. 두 사람은 비슷한 현상을 체험했습니다. 이 경우에 한 사람은 긴장을 풀고 즐기는 반면, 다른 한 사람은 일어난 일을 매번 통제하지 못합니다.

많은 사람이 불안과 두려움, 걱정의 희생양이 되겠다고 '결심'합니다. 그런 사람들은 내면의 기이한 갈등에 맞설 힘과 용기를 발견하지 못합니다. 황금빛 새장에 들어앉아 밖에서 주는 모이를 편하게 받아먹는 것이 그들에게는 정당하고 합리적으로 보입니다. 심각한 부작용을 일으키는 약물을 어쩔 수 없이 다량 복용하게 되더라도 말입니다. 그렇지만 하늘을 날기 위해 날개를 활짝 펴는 독수리처럼 자유로워지려면, 힘들더라도 첫걸음을 내딛어야 하고 참기도 해야 합니다.

아직 활용해 보지 않은 자신의 정신적 능력을 믿는 사람들, 새롭고 가치 있는 일을 추구하는 사람들, 몸과 마음이 일치하기를 바라며 그렇게 되기 위해 애쓰는 사람들에게 이 책을 바칩니다. 전 세계적으로 널리 알려진 작가로 임상 심리학자이자 심리 치료사인 엘리자베스 루카스는 이 책에서 하나의 자가 치유적 '상像'을 전개

합니다. 이 상은 모자이크처럼 불안을 극복하고 불안에 대처하는 데 초석이 되는 요소들로 이루어져 있습니다. 여기서는 불안을 자연스러운 것, 우리를 깨어 있게 하며 주의를 불러일으키는 것이라고 말합니다. 그렇지만 우리를 보호해 주는 장치가 아니라 불안정하고 병을 부르며 자주 불합리한 행동을 하고 자유 의지를 꺾는 요인이라고 하기도 하지요.

모든 질병이 그러하듯, 불안 역시 불안이 나타날 만한 환경이 있어야 생깁니다. 그렇기에 흔들리지 않고 불안이 생길 환경을 갈아엎어 자유로워신다면 누구나 불안에서 벗어나 영혼의 평온을 찾을 수 있을 것입니다. 이 책이 그러한 역할을 하는 데 도움이 되기를 진심으로 바랍니다.

라인하르트 부르첼

• 옮긴이의 말 •

 누구나 그 어떤 형태로든 크고 작은 불안을 안고 살아갑니다. 불안은 개인만의 문제가 아닙니다. 현대는 불확실성의 시대이기에 시대의 문제이기도 합니다. 그렇습니다. 불안은 우리 삶 깊숙이 자리 잡고 있습니다. 그렇기에 우리는 불안에 어떻게 대처하면 좋을지, 불안을 어떻게 극복하면 좋을지 여러 가지 물음을 던지게 됩니다. 이런 맥락에서 이 책은 매우 현실적이고도 중요한 주제를 다룹니다.

 이 책의 저자인 엘리자베스 루카스는 불안의 원인을

살펴봅니다. 그리고 불안과 교류하고 불안을 다스리는 방법, 불안을 바라보는 새로운 관점도 제시합니다. 이 책의 공동 저자인 라인하르트 부르첼이 자신의 견해를 간략히 말하거나 경험을 소개하면 엘리자베스 루카스가 이에 대답하는, 일종의 대화 형식으로 내용이 전개되는 점도 신선하게 다가옵니다.

저자는 불안을 극복하는 방법을 알려 주면서 다양한 상황에 대처할 수 있도록 여러 사례를 곁들이며 실질적인 지침을 줍니다. 심리적·영적 문제를 어떻게 다루면 좋을지 그 방법도 구체적으로 안내하고 스스로 자신을 도울 수 있다는 확신과 용기를 불어넣어 줍니다. 이와 관련해 삶에서 의미를 추구하도록 이끌어 주고 개인적 차원을 넘어 전체를 바라보도록 시야를 넓혀 줍니다. 우리는 이러한 점을 통해 많은 것을 배우게 됩니다.

또 저자는 불안은 원래 나쁜 것이 아니라 우리 삶을 지켜 주는 일종의 '생물학적 경고 시스템'이라고 말합니다. 그리고 이러한 불안과 두려움, 분노처럼 우리가 반기지 않는 감정들을 삶의 에너지원으로 바꾸라고 권합니다.

생각을 바꾸면 감정도 바뀐다는 말이 떠오릅니다. 우리는 감정을 직접적으로 바꾸기 어렵지만, 생각을 통해 감정을 간접적으로 조절할 수 있습니다. 불안과 두려움도 생각을 바꾸면 통제할 수 있을 것입니다. 불안과 두려움이 엄습하면, 이를 마주하고 인식하는 과정이 감정을 완화시키기 위한 첫걸음일 겁니다. 불쾌한 감정과 교류하려면 이 감정도 마음을 열고 받아들여야 합니다. 피하지 말고 먼저 인정해야 합니다. 저자가 강조하듯, 불안 속에 깃든 힘을 받아들일 때 이 불안한 감정이 우리를 보호하고 지켜 줄 수 있습니다. 나아가 이 불안한 감정을 승화시켜 바람직하게 이용할 수도 있습니다. 그러면 우리가 갈망하는 영혼의 평온도 맛보게 될 것입니다.

일상에서 마주치는 여러 유형의 불안을 슬기롭게 극복하도록, 자유롭고 주도적인 삶을 살도록, 또 평정심을 유지하고 영혼의 평온을 누릴 수 있도록 이 책이 길잡

이 역할을 해 주리라 생각합니다.

　참 좋은 책을 쓴 두 저자에게 존경을 표하며, 이 책을 우리말로 옮기도록 맡겨 준 출판사와, 출간되기까지 애쓴 분들에게 감사 인사를 드립니다.

2020년 초여름

황미하

마음이 불안하면
몸도 아픕니다

◆ ◆ ◆

오래전부터 의사로 일해 오면서 저는 온갖 유형의 걱정과 크기를 더해 가는 불안, 그리고 이러한 감성이 모든 것에 미치는 영향에 거듭 놀랍니다. 대체 의학에서 집중적으로 대화 치료 방식을 활용하던 시기에 환자들이 겪는 신체적 고통과 정신적 압박 사이에는 큰 연관성이 있다는 것을 알게 되었습니다. 이때 이를 바라보는 제 시야도 열렸습니다. 오늘날은 일상의 사소한 걱정거리부터 심각한 수준의 신경증까지 모든 고통의 80퍼센트 이상이 불안 요인과 관련이 있습니다.

우리가 흥분할 때면 인간의 초고성능 레이더인 말초신경은 외부에서 받는 수많은 자극과 정보에 신속히 반응합니다. 그러면서 우리를 일순간에 변화시킵니다. 근육이 수축되고, 맥박이 빨리 뛰고, 혈압이 높아지고, 아드레날린이 과다하게 분비되고, 위와 장에서는 불편한 반응이 나타납니다. 이러한 반응은 신경이 예민해지고 긴장을 해서 생기는 것입니다. 이런 증상들은 만성 질병을 일으킬 수 있습니다. 머리가 아프고 허리, 온몸이 다 아픕니다. 근육과 체내 기관도 아픕니다. 수면도 부족하고 생기도 사라져 갑니다. 이렇게 몸이 망가지는 원인은 정신적으로 문제가 있기 때문입니다. 정신적 상태는 신체적 상태에 많은 영향을 미칩니다.

많은 사람이 이러한 딜레마에서 벗어나 자유로워지기를 바라고 더 나은 길로 들어서고 싶어 합니다. 그런 사람들에게 도움이 될 수 있도록 유명한 심리학자 빅토르 프랑클의 제자인 엘리자베스 루카스를 모셨습니다.

◇ ◇ ◇

엘리자베스 루카스 오늘날 우리는 부정적 정보가 넘쳐 나는 사회에서 눈코 뜰 새 없이 바쁘게 살아갑니다. 잘된 일, 즐거운 일이라도 뒷전으로 밀려나곤 합니다. 개인의 의식 속에 좋지 않은 것이 우위를 차지한다면, 이미 병을 유발하는 요인이 내부에 숨어 있는 것입니다. 그러므로 긍정적인 마음과 희망을 잃지 않아야 합니다. 이렇게 자문해 봅시다. '이 시대의 비관적인 경향에 어떻게 대처할 수 있을까?' 각자 아주 많은 일을 할 수 있습니다. 개인은 자발적으로 자신의 바람과 노력의 방향을 좀 더 긍정적인 쪽으로 옮겨 갈 수 있습니다.

불안한 사람은 이러한 성향이 있습니다. 머릿속에서 자신의 문제, 두려워하는 것, 근심거리 주위를 끊임없이 맴돕니다. 세월이 흐르면서 사람들은 과도하고 압도적인 불안이 원초적 본능뿐만 아니라 이성 때문에도 생긴다는 사실을 알게 되었습니다. 이는 생각과 관련되어 있습니다. 다음 단계에서는 감정이 격렬해집니다. 불안으로 괴로워하는 사람들은 더 과민한 반응을 보일 수 있습니다. 그들은 자신을 바라보며, 자신에게 공포를 일으킬 만한 대상도 함께 바라봅니다. 그렇게 '감옥'에 갇힌 듯 앉아 있습니다. 자신에게서 눈을 돌려 다른 어떤 것이나 다른 누군가, 외부를 보는 등 시야의 방향을 바꾸지 않고 말입니다. 그러나 바람직한 방식으로 자기에게 집착하지 않는다면 그 감옥의 담은 즉시 무너질 것입니다. 주변에 애정 어린 관심을 갖고 깨어 있는 자세를 지니는 것이 비관주의와 패닉 상태를 극복하기 위한 최선책입니다.

요즘 불안 장애가 사람들 사이에 널리 퍼져 있습니다. 그것은 다양한 형태로 나타납니다. 몇 가지 예를 들어 보겠습니다.

- **비좁은 곳, 군중이 모인 곳, 밀폐된 공간을 두려워한다.**
  예) 엘리베이터 안, 손님들로 북적거리는 가게 등

- 운명에서 달아나거나 빠져나올 수 없다는 기분이 든다.
- 다른 사람들 앞에서 웃음거리가 될까 두렵다. 남들에게 부정적인 인상을 줄까, 거절당할까, 인정받지 못할까 두렵다.

  예) 회식할 때, 발표할 때, 혹은 여러 사람이 있는 공간을 가로질러 갈 때
- 특정 동물이나 어둠을 두려워한다.

  예) 거미, 쥐, 개 등
- 심각한 병, 불치병에 걸릴까 불안하다.

이런 불안과 두려움을 지닌 사람들에게는 몇 가지 공통점이 있습니다. 그들은 대부분 자신의 불안이 과하다는 것을 압니다. 그러나 그저 두려운 상황에서 달아나려고 온갖 방도를 찾습니다. 그들은 '예기豫期 불안'(프랑클)에 사로잡혀 있습니다. 이는 어떤 불쾌한 사건을 겪으면 그 사건이 다시 일어날지도 모른다는 두려움입니다. 이 두려움은 그 사건이 되풀이되도록 합니다. 한번 비난받은 사람이 애매하고 주저하는 태도를 보이면 다시

비난받게 될 것입니다. 불쾌한 사건을 되풀이해서 겪으면 예기 불안이 강해집니다. 그러면서 두려움이 확산되고, 이 두려움은 점점 더 고착화됩니다. 불안이 누군가를 잠식한 경우, 그 불안은 쉽게 사라지지 않습니다. 불안은 가볍게 자신의 영역을 넓혀 나갑니다. 당사자는 비난받는 것에서 나아가 조롱당하거나 공동체에서 배제될 수도 있습니다.

예기 불안, 신속히 타오르는 이 불안을 줄일 수 있는 것이 있습니다. 누구나 태어날 때부터 지닌 '근원적 신뢰'입니다. 그런데 불안 장애를 지닌 사람들에게는 여러 가지 이유에서 그 신뢰가 파묻힌 듯 보입니다. 근원적 신뢰를 다시 찾아내야 합니다. 그러려면 자기의 처지만 생각하는 일을 과감히 멈춰야 합니다. 불안 장애를 지닌 사람은 결코 고통받으려 하지 않습니다. 고통받고 싶지 않은 마음은 이해가 되지만, 그것은 예기 불안을 자리 잡게 하는 원인이 됩니다. 예기 불안은 바로 불안을 중심축으로 해서 빙빙 돌기 때문입니다. 이와 관련해 제

스승인 프랑클은 다음과 같이 말했습니다. "신경증 환자는 고통받을 용기가 부족한 부류의 사람이다. 그는 고통의 실재實在, 고통의 필요성, 고통을 의미로 바꾸는 방법을 알지 못한다. 신경증 환자는 고통받기를 거부한다."

어떤 사람이 고통을 피할 수 없다면, 언제 그 고통을 받아들일 수 있을까요? 그가 그 안에서 의미를 찾을 때입니다. 수술해서 누군가가 살 수 있다면, 당사자는 그 수술을 받기로 결정합니다. 어린 자녀가 훗날 대학 공부를 마치도록 하려면, 부모는 절약하며 생활하고 저축도 해야 합니다. 의미를 찾고자 애쓰면 바람직한 행동이 나옵니다. 그러나 불안에 빠지면 부정적인 행동이 유발됩니다. 예를 들면 무언가를 피하는 태도입니다. 의미는 개인에게 뭔가에 몰두할 힘을 주고, 열정과 기쁨을 불러일으킵니다. 그리고 자기 자신을 넘어 밖으로 나가게 하고, 중요하게 받아들일 무언가에 주의를 돌리게 합니다.

적절하고도 넓은 의미에서 보면, 의미는 사랑과도 통하는 것이어서 이렇게 말하도록 합니다. "나에게는 그것이 중요해. 그것은 내게 많은 의미가 있고 나는 그것을 높이 평가하거든. 나는 그것을 위해 행동해. 내게 무슨 일이 일어나든 상관없이 말이지." 이 궤도 위를 유일하게 달리는 것이 바로 근원적 신뢰입니다.

불안은 불편하거나 불쾌한 상황을 될 수 있는 한 피하도록 유인합니다. 사랑은 좋은 일, 소중한 사람, 가치 있는 일에 집중합니다. 간단히 말하면, 사람이 마음을 쓰고 용기와 확신을 지니고 헌신하도록 기대할 모든 일에 집중합니다. 우리가 의미의 이러한 외침, 사랑의 외침을 따른다면, 곧바로 근원적 신뢰가 다시 제 모습을 또렷이 드러낼 것입니다.

자신이 성공할 수 있을까, 누군가에게 끔찍한 일이 일어나지 않을까 하며 근심스러운 물음을 던진다면, 아무것도 이루어 내지 못하고 과한 생각과 감정의 배후에 숨어 버리게 될 것입니다. 그러나 세상에 존재하는 좋은 가치에 마음을 열 때마다 우리는 가치 있는 세상과 자신이 연결되어 있다는 믿음을 지닐 수 있습니다. 나아가 우리가 있는 곳마다 악몽이 위협하는 적대적인 세상이 아닌, 가치 있는 세상의 근원과 연결되어 있다는 믿음도 지닐 수 있을 것입니다.

불안은 무의미하고 불합리한 행동으로 이끕니다. 어떤 사람들은 자신과 관계된 누군가를, 혹은 모든 이를 만족시키려고 엉뚱한 일을 합니다. 그러한 일을 완벽하게 해낸 이도 없지만 그렇게 해낼 필요도 없는 행동입니다. 자신이 행하는 일이 다른 사람들을 만족시키는지 아닌지는 중요한 것이 아니기 때문입니다. 그것이 실제로 유익한지, 당사자들에게 좋은지, 사람들이 함께 사는 이 세상에 좋은지가 중요합니다.

도로를 달리는 것이 어린아이에게 즐거움을 준다고 해도 그 행동을 그냥 두어서는 안 됩니다. 아이가 아무리 떼쓰더라도 도로를 달리지 못하게 막아야 합니다. 올바른 것, 현명한 것, 의미 있는 것, 유익한 것, 인간관계에 적합한 것을 택해야 합니다. 그러고 나서 감사의 인사를 받지 않더라도, 때에 따라서는 이해받지 못하고 인정받지 못하더라도 섭섭한 마음이 들지는 않을 것입니다. 우리 자신이 그렇게 한 것이니까요! 이제 우리는 내적 힘을 지니고 마음이 정화된 상태에 있습니다. 우리는 숨지 않습니다. 그 어떤 예기 불안의 손아귀에도 들어가 있지 않습니다.

걸핏하면 싸우는 사람들, 언제나 자기 말만 옳다고 주장하는 사람들, 성미가 급한 사람들이 있습니다. 그런 사람들은 다른 이들에게 환영받지 못합니다. 누군가와 싸우게 될까, 누군가가 자기를 흘겨볼까, 자기가 비난의 대상이 될까 늘 벌벌 떠는 사람들이 있습니다. 그들 역시 다른 사람들을 힘들게 합니다. 그들은 자신의 삶을 어렵게 하고 다른 사람에게도 부담을 줍니다. 누구든 그들을 마치 날달걀처럼 조심스럽게 대해야 하니 말입니다. 주위 사람들이 그들과 함께하려면 과도한 반응으로 하염없이 눈물을 줄줄 흘리거나 모욕당했다는 듯 행동하는 그들을 보며 함께 있는 시간을 견뎌 내야 합니다.

물론 의미 있는 희생도 있습니다. 타협하는 과정에서

공동체의 평화를 유지하거나 중요한 일을 위해 희생한다면 그러한 것들은 의미가 있습니다. 그러나 잊지 말아야 합니다. 희생은 자발적으로 해야 합니다. 우리 인류 문화에는 남을 돕는 마음이 있습니다. 날마다 환자들이나 도움이 필요한 이들을 성실히 돌보는 사람들은 존경을 받습니다. 남을 돕는 일은 인간의 빛나는 업적입니다. 동물은 자신을 돕지 못하며 자기 새끼를 제외하고는 다른 동물도 도와줄 수 없습니다. 사람은 다른 이를 참아 내고 돕습니다. 약해서 누군가를 돕고 희생하는 것이 아닙니다. 그것은 의미 있고, 강하고 긍정적인 것입니다.

다른 사람을 도울 때에는 겸손해야 합니다. 도울 때는 '많이, 조금만 더'를 바라는 이에게 붙잡히지 말아야 합니다. 양量은 자비의 기준이 아닙니다. 의미 없는 희생은 불필요하고 달갑지도 않습니다. 그러나 어떤 사람은 기꺼이 희생양이 됩니다. 생각해 보지 않고 항상 이렇게 말합니다. "예, 예, 빨리 할게요." "맡겨만 주세요." "제가 꼭 도와 드릴게요." "당신을 위해서라면 무엇이든 하겠어요!" 이렇게 그들은 '조력자 증후군' 속에 빠져듭니다. 저는 아주 놀라운 경험을 했습니다. 이 희생양들의 강박을 벗겨 내는 것은 매우 어려웠습니다. 그들은 무조건 다른 사람들에게 도움을 주려 합니다. 감사의 인사나 합당한 대가를 받지 못해도 발 벗고 나서서 타인을 도와줍니다. 그러고는 이렇게 말하지요. "제가 당신을 도와 드렸으니 저를 싫어하지 말아 주세요!"

그런 식으로 남을 도우려는 마음은 상대방을 중요하게 생각하는 것이 아닙니다. 엄밀히 말하자면, 자기 자신만이 중요한 것입니다. 그리고 이러한 자기중심은 불안이라는 벌을 받습니다. 언젠가는 다른 사람들에게 더 이상 사랑받지 못할까 불안합니다. 자기가 다른 사람들을 위해 한 일들이 이성적이고 필요한 일이었는지는 생각하지 않습니다. 상대방이 자신의 도움이나 희생을 바랐는지도 생각하지 않습니다. 여기서 더 나아간 경우도 있습니다. 자발적으로 희생양이 된 이들 중에는 항상 다른 사람들에게 봉사하고 목숨까지 바치려 하는 이들도 있습니다.

비이성적인 희생자들은 언젠가 어려움에 직면하게 됩니다. 인간의 내면에서는 갈등이 일어나기 때문입니다. 직장 상사가 주말에 특근을 할 수 있겠느냐고 물어볼 때가 있습니다. 당사자는 속으로 외칩니다. '아뇨! 이번 주말에는 꼭 가족 여행을 가야 해요. 이미 오래전에 계획했거든요.' 그렇지만 직장 상사를 실망시킬지 모르고, 무례하게 보일 수도 있고, 논쟁을 벌이게 될 수도 있겠다는 생각에 두려워서 "예."라고 대답합니다.

결과는 뻔합니다. 주말에 즐겁지 않고, 기분이 안 좋은 상태로 일하게 됩니다. 가족은 그를 빼고 여행을 갑니다. 직장 상사는 당사자가 긍정적으로 주말에 근무했다 여기고, 머지않아 다시 주말 특근을 지시합니다. 이러한 일을 막으려면 내적인 것과 외적인 것이 일치하도록 항상 주의를 기울여야 합니다. "예."는 당사자가 마음으로도 동의한 것이어야 합니다. "아니요."도 마찬가지입니다.

주위 사람들이나 주변에서 일어나는 일들에 관해 입으로 말한 것처럼 속으로도 "예."라고 한다면, 당사자는 대체적으로 잘 지냅니다. 지금 여기, 자신의 자리가 제대로 있음을 확신하면서, 그것을 높이 평가하면서, 그것을 섬세하게 인지하면서 대답하는 것이 중요합니다. 진심에서 우러나와 "예."라고 답하는 사람은 "아니요."라는 답을 하게 되더라도 별로 문제가 없습니다. 그런데 무조건 "예."라고 답한다면 짙은 그림자가 드리워지게 됩니다.

가족 여행을 가는 데 진심으로 "예."라고 말한다면, 주말의 특근을 수월하게 거부할 수 있게 됩니다. 주말 특근에 의미가 있어 진심으로 "예."라고 대답한다면, 가족 여행을 가지 않아도 아쉽지 않습니다. 어떤 일에 진심으로 "예."라고 말하면 자신이 택하지 않은 다른 모든 것은 "아니요."가 됩니다. 따라서 마음과 이성으로 택해야 합니다. 동요하거나 걱정하면서 단순한 반응을 하지 말아야 합니다.

자기중심적인 생각에는 의도나 전략이 숨어 있습니다. 어떤 젊은 여성이 제게 이렇게 말했습니다. "제가 그 사람과 결혼한 이유는 그가 저를 안전하게 지켜 주기를 바라서였어요." 이것이 사랑일까요? 그녀는 혼자 있는 게 두렵다고 털어놓았습니다. 그것은 삶을 홀로 꾸리지 못할까 봐 드는 두려움입니다. 그 여성은 상대방에게 기댈 목적으로 결혼한 것입니다. 남편을 이른바 지팡이로 이용했습니다. 남편은 실제로 그녀를 오랫동안 성실히 지지했습니다. 그녀가 발전하고 독립적인 사람이 되어 더는 지팡이가 필요하지 않을 때까지 오랜 세월 아낌없이 지원했습니다. 그러자 그녀는 남편을 차 버렸습니다. 결혼 생활이 깨진 것입니다.

사랑의 목적은 다른 것일 수도 있습니다. 예를 들면 이런 것입니다. "제가 그 사람과 결혼한 건 제가 그를 좋아하고 그가 잘되도록 도와주고 싶었기 때문이에요."

사람을 결코 목적을 위한 수단으로 삼아서는 안 됩니다. 배우자, 직장 동료, 도움을 주는 사람, 가르쳐 주는 사람 등을 이용해서는 안 됩니다. 사람 사이의 모든 관계는 계산적이지 않아야 합니다. 지나친 기대감도 갖지 말아야 합니다. 상대방이 자신을 어떻게 생각하는지 고민하거나 그에게 충분히 존중받을 수 있을지 고민한다면 그 고민에서 벗어나야 합니다.

자기 자신을 객관적으로 평가할 수 있어야 합니다. 어떤 공을 세웠을 때에는 자신을 칭찬하면서 어깨를 토닥이고, 뉘우칠 만한 잘못을 저질렀다면 인정할 줄 알아야 합니다. 그 밖에 한 번 저지른 잘못은 두 번 다시 저지르지 않겠다고 다짐하며 자신이 저지른 잘못을 통해서도 많은 것을 배울 수 있습니다. 이러한 것은 건강한 자의식입니다. 다른 사람들을 통제하려 하지 않고 있는 그대로 존중하는 것도 건강한 자의식입니다.

저를 찾아온 환자들 중에는 가족의 소망을 모두 알아차려야 한다고 생각하기 때문에 힘을 전부 써 버린 이들도 적지 않았습니다. 그들은 녹초가 됩니다. 그렇지만 매번 자신의 수고를 거의 인정받지 못합니다. 상대방에게 정확히 물어보지도 않은 채 상대방의 소망을 추측하고 그것을 성실히 이루어 주는 경우도 종종 있습니다.

어떤 여성 환자는 해마다 성탄 때면 연로한 친정 부모님을 집으로 초대했습니다. 그리고 부모님을 맞이하기 위해 몇 주에 걸쳐 모든 것을 완벽히 준비했습니다. 대청소하고 빨래하고 빵을 굽고 선물을 포장하고 집 안을 꾸미는 등 바쁘게 움직였습니다. 모든 게 부모님 마음에 들도록 하기 위해서였습니다. 그러고는 성탄 다음 날이면 매번 병이 나 침대에 눕고 말았습니다. 남편은 머리를 절레절레 흔들며 아내가 분주히 움직이는 동안 체념한 채 방 안에 틀어박혀 있었습니다. 성탄절 행사 준비는 그녀에게 아무런 도움이 되지 않았습니다.

나중에 부모님조차 이 행사를 별로 기쁘게 생각하지 않았다는 것을 알게 되었습니다. 부모님은 좋지는 않았지만 방문하지 않겠다고는 결코 말할 수 없었습니다. 자기들을 즐겁게 해 주려고 딸이 엄청난 고생을 했기 때문입니다.

이 사례는 불안이 의미를 제압한다는 것을 보여 줍니다. 이 여성 환자는 딸의 의무를 제대로 수행하지 못할까, 부모님의 불평을 살까 걱정이 컸습니다. 그녀의 남편은 평화롭지 않고 팽팽한 긴장 속에서 성탄절을 지내게 될까 마음이 불안했습니다. 부모님은 활발한 성격인 딸이 집으로 초대하는 걸 거절하기 두려웠습니다. 이들은 성탄 때마다 슬픔에 잠겨 크리스마스트리 아래 웅크리고 앉아 스트레스가 지나갈 때까지 지루한 시간을 보냈습니다.

그럼 이럴 때 바람직한 대안은 무엇일까요? 불안이 아닌 사랑이 더 강하다면 그 대안은 무척 많을 것입니다. 그 여성은 성탄을 앞두고 남편, 부모님과 이렇게 상의해 볼 수 있을 것입니다. 격년으로 이웃을 초대해 조촐하고 아늑한 크리스마스 파티를 열면 어떻겠느냐고 말입니다. 그녀는 파티를 하지 않는 성탄절에 남편과 스키 여행을 떠나 산장에 머무르거나 온천에 가서 그동안 쌓인 긴장을 풀며 둘만의 오붓한 시간을 보낼 수 있을 것입니다. 부모님도 성탄 때 딸에게 가지 않을 수도 있습니다.

사람들 사이에 사랑이 가득하다면 사람들은 어려워하지 않고 모든 것을 말할 수 있게 되고 서로 이해하게 될 것입니다. 그리고 다른 사람이 무엇을 원하는지 알게 될 것입니다. 그러면 오해가 있던 상황일지라도 스르르 풀릴 수 있습니다.

이 여성 환자는 마음속으로 "예."라고 답할 수 있는 것은 시행하고 "아니요."라고 한 것은 그만두는 법을 배웠습니다. 저는 그녀가 더 이상 멋진 성탄 파티를 준비하지 않을 것임을 말하려는 게 아닙니다. 그녀가 자신의 계획과 활동이 실제로 의미 있고 합리적이었는지 성찰했음을 강조하려는 것입니다. 그녀는 그렇게 달라졌으며, 어머니가 세상을 떠난 뒤에는 아버지를 예전보다 더 자주 집에 초대해 함께 식사를 하면서 이야기를 나눕니다. 이제 이에 대해서는 아무런 문제가 없습니다. 남편과 대화하는 데에도 문제가 없습니다. 사실 그녀는 한동안 남편과 제대로 대화할 수 없었고, 무언가를 함께 계획하지도 못했습니다. 이제 그녀의 집에서는 즐거운 성탄절만 지내고 있다고 합니다.

물론 더 복잡한 상황도 있습니다. 실제로 자녀에게 압력을 행사하고 무리한 일을 요구하는 부모들, 더 많은 일을 강요하는 부모들이 있습니다. 만사가 반드시 다 잘 될 수는 없습니다. 잘못된 죄책감은 갖지 말아야 합니다. 진심으로 성찰하고 의미 있다고 여겨지는 것을 택하고 행하는 이는 영적으로 굳건합니다. 상황에 따라서는 매우 불안하기에 불쾌한 감정의 노예가 되기보다는 차라리 누군가의 불평을 쿨하게 견디는 편이 더 낫습니다.

지금까지 다룬 내용을 명확히 하기 위해 한 가지를 덧붙이겠습니다. 불안이나 두려움 같은 감정은 원래 나쁜 것이 아닙니다. 그런 감정은 우리의 삶을 보호해 주는 일종의 생물학적 경고 시스템입니다. 그런 감정은 우리의 경솔함, 위험이 따르는 무모함에서 지켜 주고자 하는 원초적 방패도 됩니다.

우리에게 두려움이 없다면 마구잡이로 모든 웅덩이

를 뛰어넘거나 눈앞에 있는 사나운 황소의 등을 쓰다듬거나 산비탈의 좁고 구불구불한 길을 생각 없이 뛰어다닐 것입니다. 근거 있는 두려움이 들 때 그것이 하는 말을 듣는 것은 자기 보존을 위한 방법입니다. 그렇지만 중요한 것은 분량 즉, 정도입니다. 소금을 한 줌 넣어야 하는데, 한 숟가락씩 넣는 것은 현명하지 않습니다. 마찬가지로 상황에 적절하지 않은 두려움에 빠져드는 것 역시 현명하지 않습니다.

누군가는 자기가 가는 길 위에 뱀이 기어갈지도 모른다는 이유로 숲에서 산책하지 않습니다. 누군가는 속이 메슥거릴지도 모른다는 이유로 버스를 타지 않습니다. 누군가는 혀가 꼬부라지거나 말을 더듬을지도 모른다는 이유로 직장 상사와 말하지 않으려 합니다. 그런 회피 방법에는 숟가락 위에 두려움이 과도하게 올려져 있는 것입니다. 바람직하지 않습니다.

불안 장애가 있는 환자에게는 "고통받을 용기"가 없다고 프랑클이 말했습니다. 숲에 가면 뱀이 길을 휙 지나갈 수도 있습니다. 그러한 고통은 견딜 수 있습니다. 버스를 타면 속이 메슥거릴 수 있습니다. 직장 상사 앞에 서면 말을 심하게 더듬을 수 있습니다. 그럴 때에는 자신이 원하는 것이 무엇인지 생각해야 합니다. 생각은 자유롭습니다! 상상만 했던 두려운 고통을 받아들일 준비가 된 사람은 두려움의 손아귀에서 벗어나려고 노력합니다. 그러면 몸집이 큰 두려움은 어느새 한 줌 정도의 작은 두려움으로 바뀔 것입니다. 그리고 이 작은 두려움은 그의 삶이 파국으로 치닫지 않게 지켜 줄 것입니다.

힘들 때에는
변화가 필요합니다

◆ ◆ ◆

마리온은 항상 걱정과 불안을 안고 살아갑니다. 남편의 씀씀이가 헤퍼서 재정 상태가 악화되었습니다. 그들은 큰 집에서 살아야 하고 휴가 때면 꼭 여행을 떠나야 합니다. 마리온은 어찌해야 할지 몰라 막막해하며 두통과 불면증에 시달립니다.

나탈리아는 치위생사입니다. 주로 치아 청소를 합니다. 환자들에게 평판이 좋고 월급도 높은 편이지만, 날마다 자신이 희생양이라고 생각합니다. 미묘하게 강요를 받는다고 말합니다. 그녀가 일하는 치과에서는 강압

적이기도 한 속임수 없이는 하루도 그냥 지나가는 법이 없습니다. 초과 근무와 오늘까지 해야 할 일을 강요합니다. 이는 원장이 제시한 규정을 지키지 않으면 당장 다른 사람으로 대체하겠다는 압력과 연결되어 있습니다. 여기서 규정을 지키라는 말은 수당을 받지 않고 초과 근무를 해서 일을 끝내라는 것을 의미합니다. 이 병원 사람들은 서로를 믿지 못하고 따돌리기도 합니다.

저는 환자들에게서 이런 이야기를 들으면 여러 사람이 좀처럼 풀리지 않는 갈등에 얼마나 깊이 빠져 있는지 알게 됩니다. 심리적 압박에 내몰린 사람은 오랫동안 해를 입은 사람입니다. 그러니 어떤 변화가 필요합니다. 마리온과 남편의 경우에는 생활 방식을 축소시키는 방법도 생각해 볼 만합니다. 그들은 이런 질문을 자주 던져야 합니다. "내가 하는 일은 무슨 가치가 있는가?" "내가 그것에 지불하는 비용은 합당한가?"

나탈리아의 경우에는 근무 환경을 바꾸려고 해 보거나 근무 조건이 더 나은 병원으로 옮길 수 있습니다. 이들이 자신이 안고 있는 심리적·정신적 문제를 이해하거나 마음의 평온을 위해 애쓴다면, 이는 갈등을 푸는 바람직한 방법이 될 것입니다. 그렇다면 우리가 어떻게 정신 건강을 돌볼 수 있을지 들어 보겠습니다.

◇ ◇ ◇

엘리자베스 루카스 여러 사람이 다람쥐 쳇바퀴 돌듯 허겁지겁 살아가는 상황은 새롭지 않습니다. 예전에는 '매니저 병'[1]에 걸린 사람들이 많았습니다. 성공한 리더들은 병을 부를 정도로 바삐 움직였기 때문입니다. 세월이 흐르면서 간단한 역할을 맡은 수많은 사람도 직업 세계에서 극심한 압박을 받게 되었습니다. 이는 새로운 현상입니다.

삶은 우리에게 많은 것을 요구합니다. 그러나 그 요구

---

[1] 과도한 정신노동으로 인해 스트레스를 많이 받는 책임자나 관리자들에게서 흔히 나타나는 병을 통틀어 이르는 말이다. — 역자 주

를 충족하기 위해 우리가 달리고, 실행에 옮기고, 억척스럽게 일할 때 단지 자신의 역량만 발휘하는 것이 아닙니다. 그 일에 불평을 늘어놓고 심지어 우리 자신을 불쌍히 여기게 됩니다. 그렇게 되면 문제가 됩니다. 어떤 때는 희생양을 찾아 그에게 죄를 뒤집어씌울 수도 있습니다.

모든 것이 판에 박힌 듯 순탄하게 진행되면, 마음의 짐은 덜게 됩니다. 문제를 해결하기 위해 끊임없이 고민할 필요가 없는 것입니다. 그러나 기계적으로 하는 일이 사고력과 고유한 창의성을 차단하고 감정의 지배를 받도록 해서는 안 됩니다. 우리는 자기 자신과 다람쥐를 구별할 능력이 있습니다! "점점 더 빨리 달리지만, 자기가 어디로 달리는지는 알지 못한다."라는 말은 인간에게도 적용되는 말입니다.

이때 무엇이 부족한지 옛 수도승들이 오늘날 우리에게 말해 줄 수도 있습니다. 그들은 "기도하고 일하라."라는 모토에 따라 살았습니다. 이 말을 현세적 의미로는 이렇게 옮겨 볼 수 있습니다. "마음을 가다듬고 힘을 내라!" 혹은 이렇게도 풀이할 수 있겠지요. "집중적으로 일하고 쉬어라. 이를 번갈아 하라!" 그렇습니다. 쉼, 휴식이 필요합니다. 그런데 휴식은 일만 하느라 자신을 구하는 법을 더는 알지 못하고 스트레스에 시달리는 많은 현대인에게 답이 아닙니다. '현인의 돌'[2]이 아닙니다. 그들은 도대체 어떻게 조금이나마 쉴 수 있을까요? 텔레비전 앞에 앉아 단것을 먹으며 재미있는 오락 프로그램을 보면서? 맥주를 마시면서? 가까운 사람들에게 자신의 안 좋은 기분을 드러내면서? 친구들에게 하느님과 세상을 비난하면서? 잠 못 이룬 채 침대 위에서 뒹굴면서?

수도승들이 하는 기도는 적극적인 활동을 하기 위한

---

[2] '현자의 돌' 혹은 '마법사의 돌'이라고도 하는데, 전설 속에 존재하는 물질로, 값싼 금속을 금으로 바꾸는 능력을 지녔다고 전해진다. 현인의 돌을 만들어 내는 것은 위대한 일을 완수한 것이거나 완수하는 데 전환점이 된다. ― 역자 주

평형추[3]였습니다. 영혼에 유익한 관상을 하는 방법이었습니다. 침묵할 때에만 일상에서 뭔가를 멈출 기회가 생깁니다. 침묵할 때에만 스스로 깨달아 무언가를 할 수 있고 자신과 솔직하게 대화할 기회가 생깁니다. 자신에게 실제로 만족하는지, 모든 것이 지금처럼 앞으로도 그렇게 될지, 자신만이 변화시킬 수 있는 일에 앞장서야 하는지 다시 생각해 볼 기회가 생깁니다.

명상이나 묵상은 새롭게 방향을 정하기 전에 먼저 해야 합니다. 어떻게 해야 삶을 더 나은 방향으로 형성해 갈 수 있을까, 이에 대한 내적 비전은 명상하는 데에서 나옵니다. 자기가 어디로 달리고 싶은지 알게 되면 자신의 일을 실현할 열정이 생깁니다. 그렇게 명상하는 데 텔레비전 보기, 맥주 마시기, 불평하기, 불면의 밤을 지새우기 등은 적절한 친구가 아님을 누구나 알 것입니다.

부지런하고 창의적으로 일하는 것은 권장되는 것이

---

[3] 천칭 저울로 물건의 무게를 달 때, 무게의 표준으로서 한쪽 저울판 위에 올려놓는 쇠붙이로 된 추다. — 역자 주

나, 이는 쉼과 마음의 평정을 통해 균형을 이뤄야 합니다. 우리에게는 때때로 그 어떤 소음에도, 심지어 감미로운 선율이 흐르는 음악에도 방해받지 않는 휴식이 필요합니다. 신문을 읽지 않고 휴대 전화로 게임하지 않고 먹을 것도 먹지 않는 휴식 시간이 필요합니다. 이렇듯 넘쳐흐르는 현대적 갈망을 포기해야 명상으로 들어갈 수 있습니다.

오래 멈추고 침묵할 필요는 없습니다. 날마다 15분이면 충분합니다. 우리는 이 시간을 포기해서는 안 됩니다. 침묵하기 위해 조용한 장소를 찾아야 합니다. 짧은 숲길, 공원, 동네 성당, 작업실이나 취미 생활을 하는 공간에 비치된 의자, 거실의 빛이 들지 않는 공간 등이 그런 장소입니다. 명상하는 데 익숙하지 않은 사람은 눈앞의 일과 관련해서 밀려드는 생각을 물리치는 게 얼마나 힘든지 깜짝 놀랄 겁니다. 그렇지만 고요한 곳에 머물러 있다면, 그의 내면도 고요해지고 더 밝아질 것입니다. 주변의 잡동사니와 점차 거리를 두면서 새로운 시야가 열릴 것입니다.

 침묵 중에 근본적인 것이 보이고 명확함도 얻게 됩니다. 이는 강에서 길어 온 물을 유리컵에 붓고 잠시 그대로 놔두면, 그 안에서 떠다니던 모래알들이 바닥에 가라앉으며 부옇던 물이 맑아지는 과정과 같습니다.

 항상 걱정이 많고 불안을 끌어안은 채 살아온 마리온은 어떻게 할 수 있을까요? 사치를 줄여 검소하고 단순한 삶을 살되 더 즐겁고 더 가벼운 삶을 사는 것, 그리고 남편과 안정적인 관계를 맺으며 사는 것이 낫지 않을까요? 침묵 안에서 이러한 값진 통찰을 얻어 기대치를 내려 자신의 생활 방식을 바꾸고 자신이 소유한 모든 것에 감사한 마음을 지니겠다고 결심할 수 있지 않을까요? 지금 사는 큰 집이 두 사람에게 경제적으로 부담스러운지, 이번 기회에 아담한 집으로 이사해서 끊임없는 재정적 압박에서 벗어나는 건 어떤지 남편과 진지하게 상의할 수도 있지 않을까요? 저는 침묵하는 와중에 그런 바람직한 생각들이 그녀에게 떠올랐을 거라고 믿습니다.

나탈리아도 낙관적으로 볼 수 있습니다. 그녀가 밤에 거품 목욕을 하면서 눈을 감고 고요함에 이르는 모습을 그려 볼 수 있습니다. 근본적인 것이 그녀의 내면의 눈앞에 서서히 나타나는 모습을 상상할 수도 있습니다. 그녀는 치위생사로 일하는 게 좋을까요? 어쩌면 환자들은 그녀를 좋아하지 않을지도 모릅니다. 그러나 나탈리아는 자신의 진가를 드러내 보일 수 있습니다. 또 그것은 필요한 일입니다. 상사는 그녀의 진가를 알아보지 못한 듯합니다. 나탈리아는 무엇을 할 수 있을까요?

본인이 생각하는 것보다 더 많이 고민해야 합니다. 그녀는 상사를 변화시킬 수 없습니다. 그렇지만 자신에 대한 주도권이 있습니다. 바로 이것입니다. 그녀는 자신의 운명을 주도해야 합니다. 거품 목욕을 하며 누리는 침묵 속에 운명을 주도하는 많은 방법이 떠오를 수 있습니다.

상사와 정중하면서도 명확히 소통하려면 나탈리아는 어떻게 용기를 낼 수 있을까요? 그것을 욕실 같은 조용한 공간에서 연습해 볼 수 있습니다. "유능한 원장님과 함께 일하면서 많은 것을 배웁니다. 감사합니다. 그런데 치아 청소를 할 때 원장님이 재촉하시면 저는 마음이 조급해집니다. 그래서 환자에게 기본적인 조치를 취하지 못할까 걱정이 됩니다. 저는 환자들이 만족하도록 항상 최선을 다하고 있고, 앞으로도 그렇게 하고 싶습니다. 조금만 더 지켜봐 주실 수 있으실까요?" 나탈리아는 이렇게 말하기를 여러 차례 연습하며 자신에게 미소 짓습니다. '흠, 내가 그렇게 마음을 열고 말하면, 원장은 깜짝 놀라면서 말문이 막히겠지.'

그렇지만 그녀가 침묵하는 중에 근본적인 것을 계속 찾으며 문제를 해결하려 해도 두려움이 다시 엄습할 수 있습니다. 그러면 이런 생각을 할 수 있습니다. '초과 근무를 할 때면 원장은 마치 뼈처럼 굳어 있어. 병원은 늘 환자들로 가득 차 있고 원장도 저녁 늦게까지 일하지.' 그녀에게는 달리 방도가 없습니다. 이럴 땐 어떻게 할 수 있을까요?

상황을 바꾸지 못한다면 이에 대한 내적 태도, 마음가

짐을 바꿀 수 있습니다. 물론 나탈리아는 새로운 직업을 가지는 것이 최선책이라는 생각을 할 수도 있습니다. 직업소개소 앞에 줄지어 늘어선 채 하염없이 기다리는 수많은 사람과 비교하면 그녀는 대단히 운이 좋습니다. 전문직이라 일자리를 바로 구할 수 있을 테니까요. 그녀는 한 주에 하루만 초과 근무를 하겠다고 결정할 수도 있습니다. 그리고 자신에게 이렇게 말할 수 있습니다. "만일 그것 때문에 원장이 나를 해고하면 그러라지 뭐. 나는 나를 억누르지 않을 거야! 나는 내 분야에서 전문가야. 필요할 경우엔 다른 일자리를 찾으면 돼."

그녀는 고요함 속에서 자신의 근원적 신뢰에 반응할 수 있습니다. 그러면서 모든 것이 올바로 될 것이라는 믿음을 가질 수 있을 것입니다. 그런 자신감이 생기면 그녀는 실제로 상사에게 적정한 선을 제시할 좋은 기회를 얻게 됩니다. 병원이 번창한다고 그렇게 강압적으로 하면 되겠느냐는 내용을 조심스럽게 말할 용기도 낼 수 있을 겁니다. 그러면 상사는 아마도 그것에 관해 세 번은 생각해 보겠지요.

이 모든 것은 수도원에서 하는 기도처럼 영혼에 유익을 주는 관상의 차원으로 이끌어 줍니다. 그러나 우리가 이렇게 탁월하게 깨닫기는 어려울 것입니다. 마리온이나 나탈리아, 혹은 다른 사람은 집에서 영상을 보며 자신의 스트레스를 풀지도 모릅니다. 스트레스가 심각해지면 약물을 접할 수도 있습니다.

집은 스트레스를 풀 수 있는 연료가 가득 담긴 탱크여야 합니다. 우리가 살아갈 힘을 길어 내는 곳이어야 합니다. 사람들은 직장에서 일을 마치고 고민거리를 안은 채 귀가합니다. 집에 도착하면 자신을 외부와 차단해야 합니다. 그것은 의식적으로 가능합니다. 방문을 걸어 잠그면서 자신을 외부와 상징적으로 분리하고 자신만의 세계로 들어갈 수 있습니다. 무엇 때문에 오늘의 무거운 짐을 힘겹게 지고 있습니까? 짐을 내려놓으십시오. 밖에 흡연 구역이 있듯, 집에도 스트레스를 풀 공간이 있어야 합니다. 뭔가에서 벗어난 이런 공간은 문화생활을 하고, 자신이 좋아하는 일을 하고, 여가 시간을 갖기 위해서도 필요합니다.

죽어라 일만 하다가 심근 경색이나 뇌졸중으로 병원에 실려 와 그제야 적막이 감도는 장소에 있게 된 대다수 사람들이 갑작스레 자신에게 묻습니다. "나는 무엇을 위해서 그렇게 아차같이 일했을까? 비싼 스포츠카를 몰기 위해서? 성공의 사다리를 두 계단 더 오르려고? 몰디브에서 멋진 휴가를 보내기 위해서? 그 일이 그렇게 가치 있었나?" 뒤늦게 깊이 생각합니다. 어떤 사람들에게는 이것이 늦어도 너무 늦은 경우가 있습니다.

미국의 베스트셀러 작가인 스티븐 커비가 한 말이 있습니다. "톱날을 갈아라!" 그는 이 말을 하며 어떤 나무꾼에 관한 이야기를 합니다. 나무꾼은 숲에서 땀을 뻘뻘 흘리며 오래전에 날이 무뎌져 버린 톱으로 나무를 베고 있었습니다. 지나가던 나그네가 몹시 지쳐 보이는 그에게 잠시 숨을 돌리면서 톱날을 갈면 좋지 않겠느냐고 말했습니다. 이 말을 듣고 나무꾼은 자기는 톱날을 갈 시간이 없다며 퉁명스럽게 대꾸했습니다. 그가 베어야 하는 나무는 아직도 많이 남아 있었습니다. 그러나 이는 이치에 맞지 않는 일입니다.

믿기지 않겠지만 똑똑하다는 사람들도 이와 유사한 행동을 하곤 합니다. 우리의 몸과 정신은 우리가 하는 일에 기여하는 톱 같은 도구임을 명심해야 합니다. 우리의 몸과 정신이 제 임무를 수행하도록 잘 돌봐야 합니다. 자신을 혹사하는 사람, 어리석게도 자신을 착취하는 사람은 이러한 훌륭한 도구들이 파업을 선언하고 자기 일을 도와주지 않더라도 별로 놀라지 않을 것입니다. 그것을 이미 알고 있을 테니까요.

몸은 운동과 신선한 공기가 필요합니다. 정신은 활동하기 위해 휴식이 필요합니다. 마음은 우정과 유쾌한 만남 같은 '청량제'가 필요합니다. 우리가 이 모든 것을 지켰을 때에만 인격이 아름답게 피어나고 세상에 밝은 빛을 비출 수 있습니다. 날이 예리한 톱이 있어야 어려움 없이 나무를 벨 수 있듯, 우리가 가능한 범위에서 몸과 정신을 잘 돌봐야 삶의 과제를 잘 수행할 수 있습니다. 언젠가는 자신이 이뤄 낸 일을 돌아보며 이렇게 말할 것입니다. "그래, 그건 가치 있는 일이었어. 전력을 기울인 보람이 있었어."

옛날 사람들은 현대인과는 비교할 수 없을 정도로 부지런했습니다. 그들은 오늘날 시행되는 '주 40시간 근무제'를 알지 못했고, 여가도 거의 없었습니다. 그럼에도 대다수 사람들은 공황 장애나 번아웃 증후군을 겪지 않았습니다. 어떻게 그럴 수 있었을까요?

그때는 그 어떤 광고도 신제품을 들이밀며 사람들을 유혹하지 않았습니다. 틈이 날 때마다 값비싼 비용을 들여 즐기라며 감언이설로 속이지도 않았습니다. 농부는 힘든 일과를 마치고 농장 벤치에 앉아 들판을 바라보았습니다. 농부의 아내는 밤에 촛불 옆에 앉아 털실로 숄을 짰습니다. 영혼이 평온했습니다.

옛날 사람들도 시간에 쪼들렸습니다. 오늘날 우리와 형태는 달랐을지라도 그들 역시 궁핍했습니다. 그렇지만 영혼의 평화를 누린 그들에게서 우리가 본받을 만한 점이 있습니다. 이런 까닭에 저는 다람쥐처럼 쳇바퀴를 도는 이들에게 권고합니다. 바로 쳇바퀴를 벗어나 침묵하며 쉬십시오. 어떻게 해야 앞으로 쳇바퀴를 돌지 않을지, 오늘날 다가오는 도전에 바람직하게 대처할 방법은 무엇일지, 침묵 안에서 그 길이 보일 것입니다.

마음에 힘을 주는
삶의 기술

◆ ◆ ◆

 리듬은 자연 법칙입니다. 우리의 신체 기관에서 중요한 리듬을 꼽는다면, 심장 박동과 호흡입니다. 우리 몸의 고성능 기관인 심장이 그 어떤 보살핌도 받지 않은 채 잠시도 멈추지 않고 계속 뛰는 일은 숭고한 활동이지 않을까요?

 심장은 1분마다 약 70번 뛰고, 하루에 약 100,000번, 1년 동안에는 약 36,800,000번 뜁니다. 마찬가지로 폐도 지칠 줄 모르고 활동합니다. 우리는 폐로 1분에 약 12~15번 호흡합니다. 그러니 폐는 자신이 하루에 약

21,600번 숨을 들이쉬고 내쉰다고 말하지 않을까요?

리듬을 유지하는 것은 태곳적부터 내려온 인간의 과제입니다. 자발적이고 열린 마음 유지하는 법, 믿음을 갖고 삶의 흐름에 내맡기는 법, 과거에 사로잡혀 있지 않는 법을 배우는 것은 삶의 기술이지요.

리듬을 만드는 주기적인 과정에서 특별한 것이 있습니다. 상반된 것들이 전개되면서 하나의 관계를 만들고 균형을 이룬다는 것입니다. 숨을 들이쉬고 내쉬는 것, 잠자는 것과 깨어 있는 것, 먹는 것과 소화하는 것, 쉬는 것과 일하는 것이 서로 반대되며 균형을 이룹니다. 하지만 그렇게 이룬 균형이 깨지면 장애가 생기고 병을 얻는 경우가 있습니다. 병을 얻었다면 그 의미는 깨진 균형을 다시 찾으라는 강요와도 같습니다.

일례로 수면 리듬을 들 수 있습니다. 수면 리듬은 철저히 지켜야 합니다. 신생아는 네 시간을 주기로 하루에 16시간을 자면서 잠의 영역, 그 보이지 않는 영역에 머물러 있습니다. 성인들은 늦게 잠자리에 들지 말라는 조언을 진지하게 받아들이지 않습니다. 하루에 여덟 시간 자고 여덟 시간 일하고 여덟 시간 쉬라는 말을 중요하게 생각하지 않습니다. 우리는 순조롭게 작동하는 신경계에 필요한 '배터리'를 이보다 더 간단히 충전할 수 없습니다. 배터리가 약하면, 우리가 안게 되는 다양한 종류의 스트레스가 몸에 심각한 영향을 미칩니다. 그러므로 병을 고치려고 먼 길을 돌아가기보다 예방을 하는 것이 훨씬 더 이성적이고 간단합니다.

우리가 어떻게 살아야 하는지 이러한 점을 고려한 조언을 들어 보도록 하겠습니다.

◇ ◇ ◇

엘리자베스 루카스 앞에 나온 내용은 두 개 중 하나가 반대 의견을 주장하기 시작하면 바로 끊기는 리듬에 관한 것입니다. 예를 들자면, 상대방의 의견을 따르기 위해 고민하느라 매일 잠을 자지 못해 수면이 부족한 경우가 있습니다. 일방적인 것, 한쪽으로 치우친 것은 바람직하지 않습니다. 이는 정신적 측면에서 보더라도 이롭지 않습니다. 일방적인 것은 우리의 유연함을 방해하기 때문입니다.

컴퓨터 앞에 앉아 화면만 들여다보는 사람, 게임기 앞에만 붙어 있는 사람, 어떤 특정 단체 안에 있을 때에만 기분이 좋은 사람은 한쪽에 고착되어 있습니다. 그런 사람들은 자신 안에 잠재된 욕망을 키웁니다. 하지만 이 욕망은 망상으로 변화되어 위험할 수 있습니다. 정신적 관점, 즉 의미와 가치의 관점에서 볼 때 일방적인 것, 무언가를 제한하는 것은 부정적인 영향을 미칩니다.

인간이 다양한 가치 체계를 세우는 것은 정상적입니다. 많은 것이 우리 삶에 의미가 있습니다. 일은 가치 있습니다. 일뿐만이 아닙니다. 가정도 가치 있습니다. 가정만 가치 있는 것은 아닙니다. 친구, 예술, 자연, 스포츠, 여행, 누군가가 품은 특별한 관심사도 가치가 있습니다.

그때그때 한 가지 가치에만 집중하는 것이 좋습니다.

지금 가족과 함께 있다면 가족에게 헌신해야 합니다. 이 시간에 직장에서 생긴 문제를 해결하려고 다른 생각을 해서는 안 됩니다. 야외로 나가 자연 속에 있다면 새들이 지저귀는 소리에 귀 기울여야 합니다. 이 시간에 자녀의 숙제에 관해 깊이 생각해서는 안 됩니다.

요즘 멀티테스킹을 한다는 말이 있는데, 이 단어의 의미는 인식적으로 진보되었다기보다 부주의하고 어중간하다는 의미일 수 있습니다. 아무튼 우리가 다양한 가치 영역을 오가면서 정신적으로 만족하는 것이 중요합니다. 이번에는 일하면서, 다음번에는 자녀와 놀아 주면서. 이번에는 산책하면서, 다음번에는 독서하면서 정신적인 충만함을 누립시다.

일방적인 가치 체계를 지닌 사람은 그렇게 가치 영역 사이를 넘나들기 힘듭니다. 그들에게는 상급 가치만이 모든 가치의 꼭대기에 있고, 다른 것은 그 아래에 있습니다. 이는 그들의 생활 방식을 경직시킵니다. 모든 것이 엄격하게 저 가장 높은 가치에, 늘 추구해야 할 것 같은 그 가치에 맞춰졌기 때문입니다.

일중독자는 더 많이, 더 효율적으로 일해야 한다는 생각에 사로잡혀 있습니다. 그러한 사람에게는 사랑이나 가정, 건강은 고려할 만한 대상이 되지 않습니다. 그는 쉬지도 않습니다. 그는 자신뿐 아니라 타인을 희생시키더라도 일을 가차 없이 추진합니다. 가정에만 몰두하는 전업 주부는 늘 남편과 자녀 주위를 맴돕니다. 주도적 삶을 살지 못합니다. 이렇듯 일방적인 가치 체계를 지닌 사람들은 유연성을 상실합니다. 강박도 얻게 됩니다.

이뿐만이 아닙니다. 불안이 뒷문으로 그들에게 은밀히 다가옵니다. 불안감은 유일한 최고의 가치가 손상되거나 없어질까 봐 생기게 됩니다. 그다음에는 무슨 일이 일어날까요? 이제 그들은 절망의 포로가 됩니다. 그동안 그들을 지탱해 주고 '무'로 추락할 위험 앞에서 지켜 준 것은 이제 더 이상 아무것도 존재하지 않기 때문입니다.

어떤 일중독자가 퇴직해서 하는 일 없이 빈둥빈둥 지내는 모습이나 정치계를 주름잡던 사람이 돌연 자리에서 물러난 모습을 상상해 보십시오. 엄마 역할에만 충실하던 어느 중년 여성이 빈 둥지 증후군에 걸렸다고 상상해 봅시다. 그녀는 혼자 남았다고 느낄 것입니다. 자녀가 독립할 때가 되어 자신을 떠났기 때문입니다.

활동적인 것만 영혼을 해치지는 않습니다. 공허함, 가치 결여, 목표 없음, 자신이 잉여 인간이라는 느낌, 자신이 불필요한 존재가 되어 가는 과정에 있다는 느낌도 인간의 영혼을 갉아먹고 힘을 앗아 갑니다.

어떤 경우에는 가치가 결여된 것이 가치가 넘치는 것보다 더 큰 해가 됩니다. 가치의 포만은 단순히 체계화와 명확한 우선순위를 필요로 하는 반면, 가치의 결여는 누군가를 소용돌이 속으로 몰아넣고는 치료를 받으라며 외칩니다. 그를 덮친 우울함을 쫓아 버리도록 말입니다.

이런 말이 있습니다. "모든 것은 언젠가 사라지고 만다." 모든 현세적 가치는 시간의 제약을 받습니다. 그리고 언젠가는 역사의 뒤안길로 사라집니다. 우리의 젊음은 덧없어지고, 우리가 일할 힘은 점차 소진되어 갑니다. 사랑하는 사람들은 우리 곁을 떠나고, 또 죽습니다. 우리의 소유물도 없어집니다. 우리가 이 세상에 사는 기간보다 소유물이 사라지는 시간이 더 짧거나 더 길뿐입니다. 우리가 얻은 명성이나 명예는 허무한 것입니다. 하나의 가치만 매달려 그것을 놓지 못하는 이는 불행합니다. 그의 삶에는 하나의 가치만 존재하기에 결국 그것으로 세운 집은 무너집니다. 그는 강한 의지도 잃게 됩니다.

바람직한 가치 체계를 자신의 특성으로 꼽는 이들은 행복합니다. 그들은 좋은 것을 얼마나 많이 가지고 있을까요! 그들은 가치의 중요 순위를 바꾸는 법, 그때그때 자신이 중요하다고 정한 가치들에 주목하고 헌신하는 법을 연습한 사람들입니다. 그리하여 그들은 근무 시간에는 자신의 일에 전념하고, 사랑하는 사람들과 함께할 때에는 진솔한 만남이 이루어지도록 애씁니다. 뭔가를 만들 때에는 창의성을 발휘하고, 음악을 들을 때에는 그 선율 속으로 빠져듭니다.

그러다가 어느 시기에 가치를 실현하기를 중단합니다. 그렇게 되면 병이 나거나 일을 할 수 없게 됩니다. 무감각해지고 음악을 들을 수도 없습니다. 그렇지만 그들에게는 아직 좋은 관계를 맺은 이들이 남아 있고, 뭔가를 만들 시간도 많습니다. 그들이 지닌 강한 의지는 그렇게 빨리 흔들리지 않습니다. 허망함에서 오는 두려움이 우울증을 불러올 만큼 그들을 뒤흔들지 않습니다.

이런 지혜가 담긴 문장이 있습니다. "어떤 사람이 지키는 가치들이 그를 지탱해 준다." 정말 맞는 말입니다. 어떤 사람이 실존적 위기에 처하거나 힘든 작별을 하거나 상실을 받아들여야 할 때, 그가 지키는 가치들이 그를 살아나게 해 줍니다. 그렇지만 일방적이고 빈곤한 가치 체계를 지닌 사람에게는 다른 가치들이 거의 존재하지 않습니다. 그러면 그는 절망에 빠져듭니다.

40대 남자가 떠오릅니다. 다리를 절단하는 수술을 앞둔 환자였는데, 수술 때문에 마음이 몹시 울적했습니다. 그의 어머니가 저를 찾아와, 수술 전날 저녁에 아들과 대화해 달라고 부탁했습니다. 저는 당사자가 아니었기에 형식적인 말로 환자를 격려하지 않도록 해야 했습니다. 그와 유사한 상황에 처해 본 사람만이 그의 고통을 이해할 수 있습니다. 저는 진실만을 말하려고 했습니다. 진실만이 수많은 얼굴을 가지고 있습니다.

저는 그 남자에게 물었습니다. "이 수술을 받지 않으면 당신이 죽을 수도 있다고 들었는데 맞나요?"

"예, 맞습니다."

그는 고개를 끄덕이며 대답했습니다. 그리고 말을 이었습니다.

"의사들이 달리 방도가 없다고 합니다."

저는 이렇게 말했습니다. "그 말은 당신의 인생 시계가 실제로 멈췄다는 의미입니다. 당신은 다른 시기에, 아니면 오늘 어딘가에서 죽음을 맞이할지도 모른다는 의미지요. 그렇지만 당신은 살 수 있습니다. 새로운 삶을 받을 수 있지요. 물론 그 삶이 지금과 같지는 않을 겁니다. 당신에게 주어질 새로운 삶은 이 수술로 얻게 되는 것이니까요. 그것이 당신이 살기 위한 조건입니다."

그 환자는 귀를 기울였습니다. "그렇게 생각할 수도 있군요." 이렇게 말하며 그는 한숨을 쉬었습니다.

"예, 그렇습니다." 저는 계속 말했습니다. "당신의 새로운 삶이 무엇을 가져다줄지 한번 찾아볼까요? 지금까지 살아오면서 당신에게 중요하고 가치 있는 것은 무엇이었나요?"

"저는 설계사입니다. 홍수에도 끄떡없는 교량을 설계하는 일이 제 전문입니다. 저는 건축술을 포함해 기술 전반에 관심이 많습니다. 정교하게 설계하기 위한 그래픽 프로그램을 개발했었어요."

"참 흥미로운 일이네요." 저는 이렇게 대꾸하면서 그에게 다시 물었습니다. "당신이 살아온 삶에서 그 밖에 가치 있는 것은 무엇이었나요?"

"저는 연극을 매우 좋아합니다." 그 남자가 대답했습니다. "축제나 공연이 있는 곳이면 어디든 가지요. 제 여자 친구는 연극배우고, 외국에서도 공연합니다. 둘이 함께 있으면 현대 연극에 관해 종종 밤늦도록 토론합니다. 의견이 서로 다르더라도 이러한 열정이 우리 두 사람을 이어 줬지요."

"그 열정이 아직도 두 사람을 이어 줍니까?" 제가 낮은 음성으로 묻자, 그는 여러 번 고개를 끄덕였습니다.

"저는 지금도 그녀를 사랑해요."

"자, 그럼 정리해 볼까요?" 저는 그에게 미소 지으며 말했습니다. "내일 당신에게 새로운 삶이 주어집니다. 비록 씁쓸한 제한이 따르는 삶이지만, 그러한 제한이 당신이 지닌 숭고한 가치에 영향을 미치지는 않을 겁니다. 한쪽 다리만 있더라도 당신은 교량을 설계할 수 있고, 그래픽 프로그램도 개발할 수 있습니다. 또 연극 공연에 갈 수 있으며, 여자 친구에게 당신의 사랑을 보여 줄 수 있습니다. 새로운 삶은 신뢰할 만한 가치로 가득 찰 겁니다."

그때 그가 제 말을 자르며 이렇게 이야기했습니다. "이 관점이 제게 큰 도움이 되네요. 제가 내일 수술대에 오를 때 생명을 구하리라는 확신이 들 겁니다. 이렇게 조언해 주셔서 진심으로 감사드립니다!"

그 남자는 고비를 무사히 넘겼습니다. 이는 그가 다양한 가치 체계를 지닌 덕분입니다. 만일 우승하겠다는 한 가지 목표만 지니고 자전거 경기에 참가한 선수들처럼 그에게 단 하나의 가치만 의미가 있었다면, 그는 다른 중요한 가치들을 상실했을 것입니다. 그렇다면 그에게 매우 심각한 일이 일어날 수도 있습니다.

이런 측면에서 보면, 불안은 때로 절망의 어머니가 될 수 있습니다. 어떤 특정한 대상이나 특정한 사람과 작별해야만 할 때 엄습하는 과도한 두려움은 작별이 실제로 다가오면 과도한 절망을 일으킵니다.

예를 들면 "(그것 / 당신) 없이는 살 수 없어!"라는 굳은 생각을 가졌다면 그 대상이 사라졌을 때 "이제 내 삶은 더 이상 의미가 없어!"라는 생각이 들어 자살을 시도할 수도 있습니다. 우리는 이 점을 기억해야 합니다. 가치는 우리가 잘 다듬어 나가야 하는 것입니다. 그러나 하늘

높은 곳에 있지 않습니다. 가치는 지상에 있습니다. 가치는 지상에서 인생을 살아가는 우리를 도와주는 받침대이자 지켜 주는 안전망과 같습니다.

다른 이의 평가는
중요하지 않습니다

❖ ❖ ❖

 제가 대체 요법을 치료 방식으로 도입했던 시절의 일입니다. 어느 날, 64세 여성이 불안한 얼굴로 진료를 받으러 왔습니다. 그녀는 자신이 어떤 여성 심리학자를 찾아가 겪은 힘든 일을 얘기했습니다. 24쪽이나 되는 긴 설문에 응답하라고 한 것도 말이지요. 이 여성 심리학자의 요청에 따라 그녀는 다음번에 갈 때까지 그 설문지 문항에 모두 답을 적어야 했습니다. 저는 그녀가 내민 설문지를 보고 매우 놀랐습니다. 성性, 은밀한 상상 따위에 관한 수십 개 문항이 설문지 세 쪽이나 차지하고 있었기 때문입니다.

그녀는 눈물을 흘리며 근심 어린 목소리로 말했습니다. 자기는 설문지 내용을 이해하기가 어려워 많은 질문에 답할 수 없었으며 낯선 이에게 내면을 드러내고 싶지 않았다고 했습니다. 이 말을 들으며 저는 고개를 가로저었습니다. 그러나 새롭고 바람직한 길을 제시하면서 그 여성을 진정시켜 주었습니다.

몇 년 뒤, 저는 프랑클이 내놓은 의미 및 문제 해결에 초점을 둔 정신 의학의 방법론과 효능을 경험하게 되었습니다. 그의 치료법은 병의 원인이나 질병에 초점을 맞춘 기존의 심리 치료와는 전혀 다른 방식이었습니다. 프랑클이 창안한 '의미 요법(로고테라피)'은 빠르고 바람직한 방식으로 인간의 정신적 해방 및 정신적 성장을 위한 잠재력을 의식할 수 있도록 초점을 맞춘 것입니다. 그것은 인간이 잠재력을 생산적으로 이용하도록 이끌어 줍니다.

루카스는 이 의미 요법을 널리 전파하는 데 크게 기여

했습니다. 이에 관해 자세히 들어 보겠습니다.

◇ ◇ ◇

엘리자베스 루카스 64세 여성에 관해 좀 더 이야기해 봅시다. 그 여성은 불쾌한 일을 당했습니다. 긴 설문에 응답해야 했습니다. 불안에서 벗어나기 위해 필요했던 일이었을 거라고 생각합니다. 설문지에 동그라미나 가위로 표시하는 것이 그녀의 병이 낫는 데 큰 도움을 주지 않을 거라는 생각도 듭니다. 그러나 "눈물을 흘리며 근심 어린 목소리로" 보인 그녀의 반응에는 다른 생각이 듭니다. 그 여성 심리학자에게 설문지를 돌려주면서 자기는 그 문항에 답하고 싶지 않다고 솔직히 말했더라면, 그것으로 충분했을 겁니다.

심리학에서 병리학적 데이터를 신속히 얻기 위해 설문에 답하는 방식은 당사자들이 답하겠다고 협조해야 합니다. 그러나 많은 환자가 설문에 답하기를 거부하거나 이를 어려워한다면 그 방법은 사용되지 않습니다. 이런 식으로 오늘날 심리 치료 분야는 발전하고 있습니다. 유지되지 않는 것은 걸러지면서 말입니다.

앞에서 언급된 64세 여성과 같은 환자들은 상황을 오히려 악화시킵니다. 그래서 저는 이 점을 강조하려 합니다. 이 여성의 경우에는 불필요한 불안이 그녀에게 너무 많은 것을 포기하게 하거나 잘못을 저지르게 할 수 있습니다. 혹은 그 여성 심리학자를 화나게 할 수도 있습니다.

불필요한 불안은 초기 단계에서 그녀를 힘들게 할 수 있습니다. 답하기 힘들었던 '설문지 사건'과는 관계없이 대화하면서 도움받을 가능성이 사라졌습니다. 살면서 가능성을 거듭 잃어버리는 사람에게는 결국 '이것이냐, 저것이냐'를 놓고 둘 중 하나만 선택해야 하는 안타까운 상황이 찾아오게 됩니다. 그 불안한 여성은 설문지에 답하기를 거절하고 그다음 일을 기대하는 편이 바람직했을 겁니다. 그녀가 긍정적인 영향을 받게 될지는 아무도 모르지만 말입니다.

나중에 이 여성 환자에게 그러한 이야기를 한다면, 당시에는 그것에 대처할 힘이 없었다고 대답할 것입니다. 그럼 이런 물음을 던지게 됩니다. "우리는 어디서 힘을 얻는가?"

힘은 우리가 어느 정도 마음대로 할 수 있는 그 무엇이 아닙니다. 특정 범위에서 존재하는 실체와 같은 것입니다. 의지력, 에너지, 활기는 정신적 원천입니다. 그것은 지하수가 흘러 들어가게 하자마자 솟아나기 시작하는 샘입니다. 우리는 많은 힘을 지닐 때도 있고, 적은 힘을 지닐 때도 있습니다. 어떤 경우에는 믿기지 않을 만큼 엄청난 힘을 지니고, 다른 경우에는 힘을 전부 잃어버리기도 합니다. 우리에게서 대부분의 힘을 끌어내는 강력한 지하수는 프랑클이 "순간의 의미"[4]라고 표현한 것입니다.

순간의 의미는 우리에게 외칩니다. 그 외침은 마치 내면 깊은 곳에서 들리는 듯합니다. 순간의 의미는 우리에게 호소합니다. "이리 와라, 자리에서 일어서라, 뭔가를 실행해라, 여기서는 네가 필요하다, 여기서는 네가 중요하다, 그 일은 아무도 대신할 수 없다, 아무도 너를 대신할 수 없다, 네가 그것을 놓친다면 무언가가 이루어지지 않은 채 남아 있을 것이다, 세상은 그 이루어지지 않은 것을 매우 슬퍼할 것이다."

저는 이 말이 거칠게 표현되었다는 것을 압니다. 그렇지만 매우 정확합니다. 인간은 누구나 유한하고 유일무이한 존재이기 때문입니다. 또 자신만의 고유한 방법으

---

[4] 이를 엘리자베스 루카스는 우리가 살면서 마주치는 여러 평범한 상황 속에서 찾을 수 있는 구체적인 의미라고 설명한다. 또한 어떤 사람이 특정한 상황에 처했을 때 그 순간의 의미를 끌어낸다면, 그것이 최선책이 될 수 있다고 말한다. — 역자 주

로 전체를 위해 최대한 기여하기 때문입니다. 자신의 고유한 능력이 없다면 세상에 기여하기 힘들 것입니다. 또한 공동선을 위해 뭔가가 부족하게 됩니다.

괴테가 시를 쓰지 않았더라면 그의 시는 세상에 나오지 않았겠지요. 그렇다고 우리가 괴테가 될 수는 없습니다. 베르디가 머릿속에 떠오르는 멜로디를 표현하지 않았더라면 그의 멜로디는 영원히 세상에 나오지 않았겠지요. 그렇다고 우리가 베르디가 될 수는 없습니다. 옆에 있는 남자도, 여자도 자신의 고유한 역할이 있습니다. 오늘도, 내일도, 모레도 그 역할을 실행할 것입니다.

어떤 사람은 아기를 자리에 눕힙니다. 다른 어떤 사람은 서류철을 정리합니다. 누군가는 묘지를 꽃으로 장식하고, 다른 누군가는 해진 카펫을 손질합니다. 이때 흥미로운 점이 있습니다. 이러한 고유한 역할은 주위 사람들이나 그 어떤 권위를 지닌 자들에게서 주어진 것이 아니라 그때그때 처하게 되는 상황과 연결된다는 것입니다. 아기가 불편한 자리에 누워 있다면 얼른 쾌적한 자리로 옮겨 눕혀야 합니다. 서류가 마구 뒤섞여 있다면 정리해야 합니다. 가족의 묘지가 황폐한 상태에 있다면 돌보아야 합니다. 순간의 의미는 때마다 우리를 기다리는 것이 무엇인지 이야기해 줍니다. 이 역할을 갖게 되는 사람에게는 역할을 수행할 힘도 자연스럽게 주어집니다.

그럼 자연스럽게 주어지는 힘은 어떤 신비한 '자동 장치'일까요? 이에 대해 답하기는 쉽습니다. 우리의 능력을 넘어서는 것은 아무것도 우리에게 주어지지 않습니다. 해내지 못할 일을 해내라며 어떤 사람에게 요청한다면 말도 안 되는 일입니다. 의미는 터무니없이 행동하지 않습니다!

시를 쓰는 재능이 없는 사람에게는 시를 쓰는 역할이 주어지지 않습니다. 음악적 재능이 없는 사람에게는 오페라를 작곡하는 역할이 주어지지 않습니다. 이렇듯 순간의 의미가 우리에게 암시하는 것은 우리가 현재 지닌 잠재력에 매우 섬세하게 맞춰져 있습니다. 순간의 의미는 우리의 잠재력을 끌어내기도 합니다. 가라앉은 상태의 잠재력을 끌어내어 바깥으로 드러냅니다. 무엇을 위해 힘이 필요한지 인지하면 우리는 항상 힘을 얻을 수 있습니다. 힘은 의미의 외침을 통해 불이 붙습니다.

누군가에게 의미의 외침이 들렸던 경험을 이야기해 보겠습니다. 어떤 사람이 아프리카에 가서 차를 타고 야생 동물을 구경하는 사파리를 하고 있었습니다. 그는 가까이서 사자를 찍기 위해 차에서 내렸습니다. 그런데 사자가 갑자기 몸을 움직이더니 생각했던 것보다 더 빨리 달려왔습니다. 그는 죽을힘을 다해 차로 뛰어갔습니다! 평상시 조깅할 때와는 비교할 수 없을 정도로 엄청난 빠르기였습니다. 그리고 이때, 순간의 의미의 외침이 귀청이 떨어질 만큼 대단히 크게 들렸습니다.

신체적인 것에 해당되는 것은 정신적인 것에도 연결됩니다. 인간의 의지가 한 가지 목표를 지니고 이 목표가 의미 있게 되면 그 의지는 어마어마한 힘을 방출해 냅니다. 우리는 그것을 심리 치료를 통해 알게 됩니다. 정확히 말하자면, 심리 치료 때 '운명의 순간'을 맞이하면서 알게 되는 것이지요. 그 순간은 오랜 세월 약물에 의존해 왔던 환자가 그 중독에서 빠져나올 힘을 발견할 때입니다. 불안 장애를 지닌 환자가 갑자기 더 이상 불안에 휘둘리지 않고 의연하게 삶을 향해 전진할 때입니다. 기적이 일어난 것입니다. 심리 치료사가 기적을 일으킨 건 아닙니다. 의미의 샘에서 얻은 힘의 원천, 샘물이 환자 안에서 솟기 시작해 그 덕분에 자신의 약한 면을 적극적인 자세로 극복하게 된 것입니다.

다시 64세 여성을 살펴보겠습니다. 그녀는 지루한 설문에 답하는 것에서 의미를 찾지 못했습니다. 좋습니다. 이러한 행동이 어떤 의미가 있는지 당연히 의혹을 품을 수 있습니다. 그녀가 자신의 불쾌함을 표현하는 데에서 의미를 찾았더라면, 그 불쾌함을 표현하면서 상황을 극복할 힘을 얻었을 것입니다. 그렇다면 그 여성 심리학자와 대화를 해 나갈 수 있었을 것입니다. 그러나 이 여성은 다른 의미의 외침을 받아들였습니다. 그것은 아마 이런 내용이었을 겁니다. "건강해지기 위해 무언가를 실행해 봐. 네가 더 신뢰할 만한 사람을 찾아 그에게 네 어려움을 털어놓아 봐." 이 여성은 이 외침을 따랐고, 자신에게 맞는 조언도 받았습니다.

어떤 시도를 의미 있게 여길 때 힘이 솟구칩니다. 그러나 우리가 살아가면서 의미 있는 일을 하지 않는다면 우리의 힘은 바닥날 것입니다. 이로부터 다음과 같은 점을 깨달을 수 있습니다. 단순히 흥미만 추구하는 사람, 즉 어떤 시도가 흥미로운지 아닌지만 생각하는 사람은 살면서 마주치는 구간들을 건성건성 지나갈 것입니다. 흥미와 의미가 늘 일치하는 건 아니니까요.

흥미와 의미가 갈라지는 곳에는 터무니없는 흥미가 있습니다. 이러한 흥미는 힘을 앗아 갑니다. 예를 들면 중독에서 명확히 드러납니다. 중독 환자는 자신이 복용하는 중독성 물질에 관심을 갖습니다. 그러나 이때 순간의 의미가 외칩니다. "멈춰, 이제 그만! 중독성 물질은 네게서 이성과 돈, 삶을 앗아 가. 제발 그만둬." 어떤 것이 이길까요? 흥미가 이기면, 그 환자는 자신이 약한

쪽으로 한 단계 더 내려갑니다. 의미가 이기면, 그는 강함과 주도권을 되찾는 쪽으로 한 단계 더 올라갑니다.

불안 장애도 이와 유사합니다. 불안 장애를 지닌 환자는 자신이 두려워하는 대상 앞에서 몸을 웅크리며 숨거나 그 대상의 주변을 빙빙 도는 걸 좋아합니다. 불쾌함을 피하길 원합니다. 책 앞부분에 소개된 질케는 멀리서 아주 낮게 천둥소리가 들릴지라도 블라인드를 내립니다. 번개를 보는 데에는 흥미가 전혀 없다는 뜻입니다. 이때 순간의 의미가 그녀에게 뭐라고 외칠까요? "이제 연극은 끝내! 네가 공황 상태에 너를 양보하는 만큼 공황은 너를 더 움켜쥘 거야! 이제 블라인드를 올리고 뇌우가 지나갈 때까지 용감하게 견뎌 봐. 네 집에 아무 일도 일어나지 않으리라는 걸 알잖아! 반대로 생각해 봐. 이제 너는 천둥과 번개에 익숙해질 최적의 기회를 잡은 거야. 이것이 잘 이루어지면 너의 신경계도 안정되고, 앞으로는 번거롭게 화장실에 오랫동안 앉아 있을 필요도 없게 될 거야."

이러한 의미의 외침에 귀 기울이는 데 필요한 힘이 우리에게 주어졌습니다. 우리는 이 힘에 의지할 수 있습니다. 그런데 이때 씁쓸한 점이 있습니다. 흥미가 더는 자기 일을 해내지 못하고 먼저 포기하는 경우가 있다는 것입니다. 그렇게 되면 그다음에 번개가 칠 때 창가에서 번개와 만나는 일이 질케에게는 결코 흥미롭지 않을 겁니다. 그녀는 자신의 '정신의 강인한 힘'을 적절히 사용해야만 합니다. 프랑클은 인간 안에 있는 힘을 그렇게 불렀는데, 이 힘은 필요할 때면 주체하기 힘든 감정까지 조절할 능력이 있습니다.

흥미는 우리의 감정 팔레트 위에서 알록달록한 색을 띠고, 여러 색깔로 빛나기도 합니다. 우리의 마음이 항상 억눌리는 것은 결코 아닙니다. 그러나 흥미를 자제해야 한다면, 우리는 자신의 정신에 의지해야 합니다. 정신은 마지막으로 명령할 능력을 가집니다. 잘못된 욕구나 열망, 부도덕한 충동이 아무런 제약 없이 발산하지 못하도록 말입니다.

어떤 청소년이 거리를 지나가는 여성의 핸드백을 낚아채는 데 흥미가 있을까요? 어떤 직장인이 상사에게 자신의 경쟁자를 비방하는 데 흥미가 있을까요? 예, 흥미는 여기에도, 저기에도 존재합니다. 음악적 재능이 뛰어난 사람에게나 부도덕한 사람에게나 흥미는 똑같습니다. 반면에 순간의 의미는 다릅니다. 차이가 있습니다. 순간의 의미는 우리가 언제 환호하며 날아가도 되는지, 언제 현명하게 흥미를 자제해야 하는지 우리에게 알려 줍니다.

의미와 흥미는 서로 긴장 관계에 있습니다. 그래서 저는 질케가 의미의 외침을 따른다면 그녀의 흥미가 더는 자기 일을 해내지 못하고 먼저 포기할 것이라고 한 것입니다. '먼저'라고 한 것은 그녀가 그 과정을 먼저 통과해야만 하기 때문입니다. 비가 퍼붓고 천둥과 번개가 치는 밤, 창문 앞에서 펼쳐지는 장엄한 광경을 감상하며 비이성적인 보호 장치들을 치운다면, 그녀는 승리를 맛볼 것입니다. 그때 의미와 흥미는 조화를 이루게 될 것입니다. 질케는 의미 있는 것을 이루어 냈습니다. 즉, 자신을 괴롭히는 불안의 손아귀에서 벗어난 것입니다. 그녀는 정신적 승리, 자신이 쟁취한 안정감에 대단히 기뻤을 겁니다. 그녀의 영혼은 춤을 추며 자유로운 삶을 기뻐할 것입니다.

그것은 특별합니다. 어떤 때는 의미의 외침이 우리에게서 흥미를 날려 버리지만, 의미가 채워지면 흥미도 은밀하게 우리에게로 날아 돌아옵니다. 의미가 충만한 삶은 기쁨을 낳습니다. 그 청소년이 소매치기가 되지 않고 꿈을 품으며 산다면, 그 직장인이 아무도 비방하지 않고 자기 일을 성실히 수행한다면 그들도 기쁨을 누릴 것입니다. 또한 바람직한 인간관계를 맺으며 기쁨과 즐거움을 맛보게 되고, 누군가에게 언젠가 공격받을까 봐 드는 끊임없는 걱정에서 벗어나 마음이 평온해질 것입니다.

우리는 자료를 통해 프랑클이 논증한 점들을 알 수 있습니다. 90세부터 100세까지를 대상으로 그들이 장수하는 데 기여한 게 무엇인지 설문 조사한 결과, 주목할 만한 응답이 나왔습니다. 의미 있는 일에 봉사하겠다는 의식을 지니면 병을 예방하고 장수할 수 있다는 답이었습니다.

그들은 항상 일을 했고, 자신의 일에서 어떤 의미를 찾았습니다. 자신이 해야 할 일을 방치하지 않았고, 수동적으로 대처하지 않았던 것입니다. 이 사람들은 70세가 넘으면 일을 그만두어야 한다고 생각하지 않았습니다. 그래서 그들은 자발적으로 일을 맡은 것입니다. 그들이 집에서 기르는 닭들에게 모이를 주었는지, 겨울 작물을 잘 가꾸었는지, 손주를 잘 보살폈는지, 물건을 주문했는지, 털실로 양말을 짰는지, 평생 교육원 과정을 이수했는지 등은 중요하지 않습니다. 그들이 옳다고 여긴 일을 기꺼이 했다는 것이 중요합니다. 그리고 그 일은 외부에서 그들에게 들이밀어진 게 아니라는 것입니다.

통계 자료는 우리에게 다른 것도 가르쳐 줍니다. 유능하고 성공한 사람들을 연구한 결과, 이들이 그다지 피드백에 얽매이지 않았다는 사실이 밝혀졌습니다. 자신의 행동을 인정받고 감사받는 것을 포함해 그 밖의 긍정적인 반응이 그들에게 별반 중요하지 않았던 것입니다. 그들은 자신의 활동에 보답을 바라지 않았습니다. 그들에게는 대중의 갈채가 필요하지 않았습니다. 그것이 그들을 강인하게 합니다. 다른 사람들에게 평가받기 두려울지라도 그 두려움이 그들의 행동에 방해가 되지는 않습니다.

어쩌면 그들은 비난받고 거부당할 수도 있습니다. 그러나 활동을 멈추지는 않습니다. 누군가 그들에게 아첨하고 탐욕스러운 관심을 주더라도 그들은 목표를 다른 데로 돌리지 않습니다. 그들 스스로 의미 있게 여기는 것이 그들의 원칙입니다. 바로 이것이 그들에게 지칠 줄 모르는 힘을 지니게 하는 비결입니다.

번아웃 현상이 널리 퍼져 있는 상황에 교사들을 대상으로 얼마나 피드백에 의존했는지 검사가 진행되었는데, 이런 결과가 나왔습니다. 그들은 대부분 건실했고 자신의 직업에 만족했습니다. 그들은 학생들도 학부모도 꺼리지 않았고, 이들에게 관심받고자 애쓰지도 않았습니다. 오히려 학생들에게 필요한 것이 무엇인지, 학생들이 가치 있는 삶을 살아가는 데 자기가 줄 수 있는 것이 무엇인지 고심했습니다. 어떤 교사들은 자신들이 가르치는 학생들 외에는 그 무엇에도 마음 쓰지 않았습니다. 그것이 학부모나 학교장에게 통하든 그렇지 않든 개의치 않았습니다. 그들은 자기 의견을 효과적으로 주장할 수 있었고, 교실 안의 무질서하고 혼란스러운 상황을 제압할 능력도 지녔습니다.

그다음 가사에 종사하는 이들을 조사했습니다. 이들에게는 앞에서 말한 피드백에 얽매이지 않는 사람들의 방법이 큰 도움이 될 것입니다. 이들만큼 바쁘고 부지런한 사람도 없습니다. 가족을 돌보는 데 이들만큼 크게 기여한 사람도 거의 없습니다. '작은 요정'[5])이 아니고서야 그렇게 할 수 있을까요? 집안일을 하는 이들은 대

---

5) 밤에 몰래 나타나 농가의 일을 대신해 주는 존재. 근면한 것 외에도 몸집이 아주 작고 끝이 뾰족한 모자를 쓰고 있는 것이 특징이다. ― 역자 주

부분 여성들, 가정주부입니다. 그들은 집 안을 청소하고 빨래를 하고 음식을 만듭니다. 이뿐만이 아닙니다. 물건을 정리하고 나르고, 망가진 것을 손질하고, 쓰레기를 분류해 밖에 내다 놓습니다. 그렇지 않나요?

기계와 로봇이 이들을 대신하기에는 아직 부족한 점이 있습니다. 집안 분위기를 만들어 가는 데도 기계와 로봇이 이들을 대신할 수는 없을 겁니다. 그럼 우리는 그저 부지런하고 성실한 이들에게 이렇게 말하지 않을까요? "오, 창문이 다시 반짝반짝 닦였네!" "음, 시트를 새로 깐 침대에 누우니 기분이 좋군. 시트가 구김 없이 잘 다려졌네!" 그럼 주부 말고는 아무도 이 일을 하지 않을까요? 가족 중 이 일을 하는 사람은 아무도 없는 걸까요?

누가 늘 가게 안을 돌며 많은 물건을 정리할까요? 바닥을 깨끗이 치우고, 선반 위에 먼지가 쌓이지 않도록 청소하는 사람은 누구일까요? 점원일까요? 그럼 점원 말고는 아무도 그 일을 하지 않을까요? 손님은 그 일을 하지 않을까요? 상점 주인은 그 일을 결코 하지 않을까요?

대부분 당사자가 아니면 아무도 그런 일을 하지 않을 겁니다. 어떤 일에 누군가가 앞장서서 모범을 보이는 경우는 별로 없습니다. 집안일은 많은 것을 동시에 처리해야 하는 부분이 있습니다. 가족을 부양하는 일, 집안 분위기를 만드는 일, 가계 예산을 짜는 일, 집안의 환자를 돌보는 일, 여러 많은 일이 동시에 진행됩니다. 손으로 하는 일은 해도 해도 끝이 나지 않습니다. 특히 그중에서도 자녀 교육이 중요합니다. 이렇듯 고도의 통합 활동인 가사 노동은 당연한 듯 이루어지고, 수혜자들에게는 그 가치가 거의 인정되지 않습니다. 오히려 늘 과소평가될 뿐입니다.

환자를 돌본다는 말에서 다른 직업군을 떠올릴 수 있습니다. 이 직업에 종사하는 이들은 마땅히 받아야 할 감사의 인사를 때로는 받지 못합니다. 돌봄이 필요한 대상자들을 위해 일하는 이들과 그들을 위해 봉사하는 이들이 그렇습니다. 그들은 환자, 장애인, 사회적 약자, 노인, 임종하는 이들을 돌보며 도움을 줍니다. 이 밖에도 그들은 무수히 모범을 보입니다. 그럼 앞에서 던진 물음으로 돌아가 봅시다. "우리는 어디서 힘을 얻을까?"

답은 명확합니다. 우리를 받쳐 주고 격려하며 우리의 수고를 높이 평가하는 이들이 먼저 힘을 주지는 않습니다. 우리에게 처음으로 힘을 주는 것은 의미 자체입니다. 의미가 우리의 행동을 인정해 줍니다. 우리에게 먼저 힘을 주는 것은 의미 있는 일을 행하겠다는 의식과 준비된 마음입니다. 바로 거기에서 힘이 솟아나는 것입니다. 우리에게 먼저 힘을 주는 것은 순간의 의미와 같은 것입니다.

우리에게 생기를 주고 우리의 생물학적 한계를 넘어서까지 힘을 주는 경우도 있습니다. 앞에 나온 사파리 사건만 보더라도 말이지요. 극단적인 위험 부담이 따르는 일이라도 의미 있게 여겨지면 사람들을 행동하게 합니다. 이는 참 대단합니다. 소방관들은 불타는 집으로 뛰어들어 안에 갇힌 이들을 구해 냅니다. 굶주림이 심한 지역에 사는 엄마들은 먹을 것을 구해 어린 자녀에게 줍니다. 전쟁터에서 살아남은 이들은 평화 재단을 설립합니다. 중병에 걸린 환자들은 책을 씁니다. 혹은 벽에 거는 융단을 짭니다.

우리의 일차적 힘의 원천은 의미입니다. 그러면 이차적 힘의 원천은 무엇일까요? '덤(보너스)'입니다. 그렇지만 덤이라는 말은 약간 묘하게 들립니다. 긍정적인 피드백을 받아도 그것에 개의치 않는 사람들에게는 의미도 덤도 별반 중요하지 않습니다. 자신의 이미지에 대해서는 조금도 신경 쓰지 않고 열심히 활동하는 교사들은 대체로 인기가 많습니다. 눈에 띄지 않고 함께 사는 이들에게 쾌적한 분위기를 조성해 주는, 집안의 진주들은 이따금 칭찬을 받습니다. 환자를 따뜻이 돌보는 이들은 여기저기서 진심으로 하는 감사의 말을 듣습니다.

세상은 우리에게 자신의 피드백을 줍니다. 그러나 피드백을 받지 못하더라도 우리는 이에 소송을 제기할 수 없습니다. 또한 피드백을 달라고 요청할 수도, 기대할 수도 없습니다. 세상은 피드백이라는 씨앗을 흩뿌려 놓습니다. 들판 여기저기에 피어 있는 야생화처럼 말입니다. 그 씨앗이 싹을 틔우고 쑥쑥 자라나 아름답게 꽃을 피웁니다.

우리가 '덤'으로 무엇을 할지 계산하거나 그것을 억지로 얻으려고 애쓰지 않고 단순히 선물로 여길 때 불안과 두려움, 스트레스, 실망을 줄일 수 있습니다. 의미 있는 것, 선, 사랑이 이유 없이 행해지는 것이 아님을 아는 것으로 충분합니다. 우리가 그러한 것들을 유념하느냐 그렇지 않느냐에 따라 결과는 다릅니다. 여기서 호수에 던져진 돌이 떠오릅니다. 잔잔한 호수에 돌을 던지면 수면 위에 동그라미가 그려지면서 주변으로 퍼져 나갑니다. 수면이 흔들리며 움직입니다. 수면이 돌 때문에 흔들립니다. 그러나 돌은 그 사실을 모릅니다. 돌은 바닥에 가라앉고, 저 깊은 곳에서 수면의 흔들림을 느끼지 못합니다.

우리가 작용시키는 힘도 이와 유사합니다. 우리는 무

언가를 움직이지만, 그것이 어떤 작용을 하는지는 우리에게 전달되지 않습니다. 이를 경험하려고 오래 살 수도 없습니다. 하지만 우리가 무언가를 움직였을 때 이미 무언가가 끝난 게 아닐까요? 순간의 의미가 우리가 갈 길을 제시해 준다는 것, 우리가 이 세상 속에 스며들게 하는 좋은 것들이 세상을 변화시킨다는 것, 우리가 바르게 생각하는 용기를 낼 때 세상이 선한 방향으로 바뀐다는 것을 믿는다면 우리 후손들에게 소중한 유산이 될 것입니다. 우리에게 무엇이 더 필요할까요?

누구에게나
힘든 날이 있습니다

◆ ◆ ◆

저는 대학에서 의학 공부를 마치고 응급 구조대에서 간호병으로 일했습니다. 그때는 의사들이 환자들을 고쳐 줄 것임을 굳게 믿었습니다. 사이렌을 울리고 빨간빛을 깜박거리며 달리는 구급차 안에서 저는 확신에 찬 표정을 지으며 저 자신을 위로했습니다. '다 잘될 거야! 의사들이 모든 것을 다시 정상으로 돌려놓을 거야!'

지금은 그 생각에 약간 회의적입니다. 물론 의사들은 아무리 위급한 경우라도 절대로 포기하지 않습니다. 응급 처치만 필요할 때에도 최선을 다합니다. 그러나 재활 치료 및 포괄적 치료를 포함해 대학이 주도하는 의학은 한계가 있습니다. 특히 의사들이 전반적으로 환자를 돌볼 시간이 매우 부족합니다.

오늘날 독일에 있는 병원에서 의사가 환자 한 명을 진료하는 시간은 6분 정도입니다. 단지 처방전을 내주거나 환자를 다른 의사에게 보내는 일만 할 수 있는 시간이지요. 이 짧은 시간에 어느 의사가 환자에게서 미세한 차이를 감지할 수 있을까요? 어느 의사가 환자를 전체적 관점에서 바라볼 수 있을까요? 어느 의사가 환자의 심적 고충에 귀 기울일 수 있을까요? 의료 보험 회사와 제약 회사들은 의사들에게 환자를 충분히 보살필 틈을 보장해 주지 않습니다. 알약을 과하게 먹지 말고 아침에 신선한 과일 주스를 마시라는 조언만 주는 경우가 다반사입니다.

신체적 건강은 정신적 건강과 연결되어 있습니다. 이는 대체 의학에서만 중요한 것이 아닙니다. 아프면 일반 의학뿐 아니라 대체 의학을 통해서도 환자가 안고 있는 스트레스, 걱정, 불안과 두려움이 효과적으로 극복되어야 합니다. 그럼 어떤 방법이 좋을지 의견을 들어 보겠습니다.

◇ ◇ ◇

엘리자베스 루카스 마상馬上 시합에 참가하는 선수를 관찰해 봅시다. 선수가 말 위에 오르면, 말은 신호를 듣자마자 장애물을 향해 내달립니다. 공중에 가로질러 놓은 막대가 장애물입니다. 말은 일정한 높이에 설치된 그 막대를 뛰어넘어야 합니다. 막대 앞까지 가면 네 발을 모두 땅에서 떼고 펄쩍 뛰어오릅니다.

이 모습을 보면 이런 사실을 알게 됩니다. 기수騎手가 앞에 놓인 막대에 시선이 고정되어 있으면, 말은 달려가다가 그 막대 앞에서 멈추어 섭니다. 말은 뛰어오르지 않습니다. 기수가 막대를 바라보면 몸을 많이 구부리게 됩니다. 그 행동은 말을 흥분시키며 압박을 주게 됩니다. 반대로 기수가 막대 뒤에 있는 길을 바라보면 몸을 똑바로 세우게 됩니다. 그러면 말도 훌쩍 뛰어오릅니다.

이 장면이 지닌 상징적 의미를 우리가 살면서 마주치는 장애물과, 우리가 그 장애물에 대처하는 법에 대입해 볼 수 있습니다. 우리가 장애물에 초점을 맞추면, 그 장애물은 우리 앞에 우뚝 솟아오릅니다. 그러면 장애를 극복하기 어렵습니다. 장애물 뒤에 무엇이 놓여 있는지 바라볼 때 그것을 뛰어넘기가 한결 수월합니다.

기수와 말이 일치를 이루는 것은 우리 인간의 본질과 흡사합니다. 인간이라는 존재는 정신을 갖춘 인격체(기수)로서 몸과 영혼의 유기체(말)와 하나를 이룹니다. 우리는 인격체로서 이 유기체에 지속적으로 신호를 보냅니다. 그러면 이 유기체가 반응합니다. 우리는 '자신의 말'을 어떻게 다루든 책임을 집니다. 말을 혹독하게 부릴지 아니면 쓰다듬을지, 말을 눌러 내릴지 아니면 우뚝 서게 할지 결정하고 그 결과를 받아들입니다.

누구나 자신의 건강을 책임지고, 병이 진행되는 데에

도 책임져야 합니다. 니코틴이나 알코올 등 과도한 유해 물질을 몸속으로 들여보내는 사람, 잠은 너무 적게 자는 데다 제대로 쉬지도 않는 사람, 자리에 장시간 앉아 있는 사람, 과식한 후 걷지도 않고 다른 운동도 별로 하지 않는 사람, 사소한 일에 과도하게 흥분하는 사람, 별로 웃지도 않고 노래도 부르지 않는 사람은 자신의 '말'이 자신을 비난하거나 말의 힘이 약해지더라도 별로 놀라지 않을 겁니다. 그것을 이미 알고 있을 테니까요.

꼭두새벽부터 밤늦은 시각까지 자신의 길 위에 놓인 장애물을 생각하는 사람, 잠자면서도 장애물에 관한 꿈을 꾸는 사람은 자기 말이 장애물 앞에 멈춰 서거나 매번 뛰어오르지 않더라도 별로 놀라지 않을 겁니다. 이미 알고 있을 테니까요. 어떤 때는 우리를 지탱해 주고 어떤 때는 우리가 의존할 수 있는 '유기체'는 봉사하기를 거부하는 것 말고는 달리 항의할 방도가 없습니다. 우리는 유기체가 우리에게 봉사하는 것을 당연하게 여겼습니다. 그래서 괴로울 때 잠들지 않는 것입니다.

우리의 장애물 뒤에는 무엇이 놓여 있을까요? 특정한 날만 성묘를 하러 묘지를 찾는 것이 아니라 다른 날이라도 묘지 사이를 걸어 보면 유익한 자극이 될 것입니다. 묘지는 우리가 근본적인 것을 깊이 생각하는 데 이상적인 장소입니다. 그곳에는 평온이 감돕니다. 평소에는 자기 자신과 자신이 안고 있는 수많은 일을 분리할 수 없지만, 그렇게 묘지 사이를 거닌 뒤에 근본적인 것을 깊이 생각해 보는 사람들도 종종 있습니다.

묘비에는 글자가 희미해 잘 보이지 않지만 초월적 의미가 담긴 문구가 적혀 있습니다. 사람들이 악착같이 일해서 모아들인 그 모든 것이 종국에는 그다지 쓸모없다는 문구도 있습니다. 자기가 맡은 일을 정해진 기한 내에 끝마칠 수 있을지, 다음번에는 승진 명단에 자기 이름이 오를지, 사랑하는 사람과 맺은 불편한 관계가 개선될 수 있는지 등등의 문제와 씨름하며 불안해했던 사람들은 좀 더 냉정하게 미래를 바라볼 수 있습니다. 무덤 사이로 부는 '덧없음'이라는 바람이 그동안 마음을 위축

시켰던 근심, 걱정을 풀어 줍니다. 사람은 일에 실패하고 관계가 깨졌어도 죽지는 않습니다. 그러나 어쨌든 죽습니다. 화려한 경력을 쌓았더라도, 행복한 가정을 꾸렸더라도 결국엔 죽습니다.

죽은 이들에게 물어봅시다. 그들은 우리에게 어떤 조언을 줄 수 있을까요? 또 우리에게 무슨 말을 해 줄까요? 이렇게 말할지 모릅니다. "단순한 삶, 바람직한 삶을 살고, 하루하루를 즐기세요! 노을이 지는 광경을 바라보세요. 나무 사이에서 부는 바람소리에 귀 기울이세요. 눈길을 걸으며 발자국을 남겨 보세요. 사랑하는 사람들을 꼭 안아 주세요. 당신을 보호하고 지지해 주는 이들에게 감사하세요. 자녀와 놀아 주세요. 좋은 책을 읽으세요. 맛있는 샌드위치를 드세요. 따뜻한 이불 위에 몸을 쭉 뻗고 누워 보세요. 특히 중요한 것이 있습니다. 그 무엇에도, 그 누구에게도 화내지 마세요. 그리고 두려워하지 마세요. 일어날 일이면 일어나기 마련이랍니다. 산다는 것은 가치 있는 일이에요. 무한한 우주 한가운데서 번쩍 빛나는 번갯불을 의식한다는 것, 세상의 운명에 동참한다는 것은 참으로 대단한 체험이에요. 이 엄청난 체험을 놓치지 마세요." 이때 누군가의 머릿속에는 19세기 작가인 테오도어 폰타네가 지은 시의 구절이 떠오를지도 모릅니다.

> 오, 이날들이 흐리지 않기를
> 이날들은 마지막 햇빛이라네.
> 그 빛은 머지않아 꺼지고
> 곧 추운 겨울이 닥치겠지.

단순한 삶, 바람직한 삶이 우리의 장애물 뒤에 있습니다. 우리는 그 장애물을 뛰어넘어야 합니다. 우리는 소유하는 데 매여 있습니다. 그렇지만 인간의 가치는 무엇을 소유하였는지에 따라 결정되는 것이 아닙니다. 인격에 따라 결정됩니다. 우리가 가지고 있는 쓸데없는 것, 우리가 가볍고 단순한 삶을 살지 못하게 방해하는 것을 던져 버립시다. 명성을 얻고자 하는 갈망과 물질을 가지고자 하는 욕심을 자제합시다. 이런 것들은 우리에게 죄를 짓도록 유혹할 뿐입니다. 자라나는 세대에게 재산이 얼마 없더라도 만족하는 법을 가르칩시다.

경제 위기는 성장이 지속될 것임을 굳게 믿지 않도록 우리에게 내려진 경고입니다. 그리고 미래 학자들이 예견하듯, 앞으로도 우리에게 계속 경고가 내려질 것입니다. 특히 지금 우리가 사는 복지 사회는 극적인 도전을 해야 하는 상황입니다. 그렇기에 근본적인 방향 전환이 필요합니다. 그렇게 할 때 우리 각자의 삶에도 새로운 변화가 일어날 것입니다.

"지칠 대로 지쳤다."

"용기를 잃었다."

"우울한 기분이 든다."

환자들에게서 얼마나 자주 이런 말을 듣는지 모릅니다. 그들은 고통의 시간이 끝나기를 갈망하는 것입니다. 그들의 마음은 이 이야기에 등장하는 어린 조카의 마음과 똑같습니다.

"벌써 학교 가니?" 삼촌이 어린 조카에게 물었습니다.

"네." 아이가 대답했습니다.

"학교에서 뭘 할 거니?"

"수업이 끝날 때까지 기다릴 거예요."

어떤 사람들은 그저 자신의 삶이 끝나기를 기다립니다. 참으로 안타까운 일입니다.

이런 경우에는 자신의 생활 방식을 근본적으로 바꿔야 도움이 됩니다. 우리는 단순한 삶, 바람직한 삶을 살기 위해 필요한 요소들을 이미 알고 있습니다.

- 자주 고요한 곳에 가기
- 주변에서 들리는 소리에 귀 기울이기
- 순간의 의미가 외치는 소리를 듣기
- 순간의 의미를 신뢰하며 겸허히 따르기
- 삶에서 추가로 얻은 선물을 내려놓기

여기에 추가할 점이 있습니다. 프랑클은 수많은 역경이 닥치더라도 삶을 긍정하며 의미 있는 것, 매력적인 것으로 여길 수 있도록 하는 세 가지 방법을 제시합니다. '창조적 가치', '경험적 가치', '태도적 가치'를 통한 것입니다. 창조적 가치는 성실하고 창의적인 자세로 무언가를 만들거나 어떤 일을 해서 삶의 의미에 다가가는 것입니다. 경험적 가치는 마음을 움직이는 어떤 일을 통해서 혹은 어떤 다정한 사람을 만나 삶의 의미에 다가가는 것입니다. 태도적 가치는 시련이 가득한 상황, 피할 수 없는 운명을 긍정적인 마음으로 받아들여 삶의 의미에 다가가는 것입니다.

세 번째 가치인 태도적 가치에 대해서는 설명이 약간 필요할 것 같습니다. 우리는 이미 불안을 다루면서 불필요한 불안과 현실적 배경을 지닌 정당한 불안을 구분했습니다. 예를 들어 상어가 많은 바다에서 수영한다면 불안(두려움)이 밀려들 것입니다. 이러한 불안(두려움)은 당연한 것이고, 우리를 지켜 줄 것입니다. 그 상어가 많은 바다에서 수영한다면 쉽게 빠져나올 수 없을 것입니다. 그렇듯 온갖 현실적 배경을 지닌 불안에서도 쉽게 빠져나올 수 없습니다.

암 수술을 받은 사람이 전이되지 않을지 두려움을 갖는 것은 당연합니다. 나이가 많다는 이유로 회사에서 해고 통보를 받은 사람이 먹고살 걱정, 다른 걱정을 하며 두려움을 갖는 것도 당연합니다. 실제로 흐린 날들이 있습니다. 사람들이 흐린 날들이 오지 않도록 막으려고 노력했더라도 말입니다. 고통은 어디에나 존재합니다. 고통은 집도, 가정도 가리지 않습니다. 고통은 무엇을 피하는 법도 모릅니다. 고통을 겪어 본 사람은 앞으로도 계속 고통받을지 모른다는 불안, 아직 더 많은 고통을 겪을지도 모른다는 불안이 항상 있습니다. 이런 경우에도 의미를 찾을 수 있을까요?

고통 자체에 대해서는 의미를 찾기가 어렵습니다. 우리가 사는 세상에 왜 그토록 수많은 고통이 존재하는지 우리는 모릅니다. 고통을 더 분석해 본다 하더라도 모든 분석은 빗나갈 수 있습니다. 어떤 사람이 자신의 고통을 어떻게 견딜지, 자신의 상심에 어떻게 대처하면 좋을지 던지는 물음은 의미에 관한 물음과 통합니다. 비극적인 일을 겪을 때도 마음이 넓은 사람들은 자신의 고유한 능력을 발휘할 수 있습니다. 그들은 최악의 조건 아래서도 인간이 아직 뭔가를 할 능력을 지녔다고 확신합니다.

프랑클은 강제 수용소에서 함께 생활한 사람들에 관해 전했습니다. 그들은 상상조차 할 수 없는 극심한 고통을 당하면서도 서로 돕고 위로했다고 합니다. 프랑클은 이스라엘에 사는 여인 이야기를 전했습니다. 그녀의 자녀 열 명이 나치에 학살되었습니다(홀로코스트). 그녀는 죽은 자녀들의 젖니를 모아 팔찌를 만들어 손목에 꼈습니다. 강제 수용소로 잡혀가 살아 돌아온 뒤 그녀는 무엇을 했을까요? 고아원을 맡아 아이들에게 사랑을 쏟으며 정성껏 돌보았습니다.

평범하지만 눈길을 끄는 이들도 여기저기서 볼 수 있습니다. 고향, 명성, 건강이나 그 밖의 자원들은 잃었지만 생기는 잃지 않은 이들입니다. 그들은 자기 앞에 열린 기회를 적극적으로 이용합니다. 보행이 불편한 이들이 입가에 미소를 띠고 힘없는 노인들을 돕습니다. 고학력을 가진 이주민들이 주저하지 않고 조수 일을 합니다. 아이를 혼자 키우는 가장들이 생활비를 아껴 방학 때 아이를 여행 보내 견문을 넓힐 수 있도록 합니다.

이들 모두 태도적 가치를 실현하고 있습니다. 다시 말해 그들은 운명이 자기에게 부과한 것, 이미 주어진 시련을 거부하지 않고 따르며 모범을 보입니다. 그들은 힘든 상황에서도 의미를 실현합니다. 그러면 이를 위한 온갖 유형의 선물이 주어집니다. 불안이 줄어듭니다. 물론 고통은 사라지지 않습니다. 그러나 그 고통을 견뎌 낼 수 있습니다. 누군가가 당한 불행은 쉽게 잊히지 않습니다. 그러나 그 불행은 삶 안에서 자신이 쉴 자리를 찾아냅니다. 현재의 삶을 뒤집어 놓지 않고서 말입니다. 받아들이는 가운데 영혼에 평온이 찾아듭니다.

상처받는 마음을
어떻게 보호할 수 있을까요?

❖ ❖ ❖

　독일에서는 주말 저녁이면 수백만에 이르는 사람들이 텔레비전 앞에 앉아 과자를 먹으며 폭력적인 영화를 본다고 합니다. 주말 저녁에는 대부분 가족이 거실에 모여 앉아 있는데 말입니다. 잡지 《회르추 *Hörzu*》에서는 폭력적인 영화에 관해 조사했습니다. 텔레비전에서 방영하는 그러한 영화에서는 해마다 30,000번 이상의 살인이 일어난다고 합니다. 청소년들이 즐기는 게임에서는 다른 사람의 캐릭터를 살해하는 건수가 수천만 번에 이른다고도 합니다.

우리는 늘 폭력과 마주합니다. 자기 자신에게 가하는 공격도 있습니다. 자살 방지 협회에서는 독일에서만 4분마다 한 번 정도 자살 시도를 한다고 합니다. 해마다 10,000명 넘는 자살자가 나온다는 말에 그저 놀랄 뿐입니다.

삶의 의미를 잃게 되면 자기 자신과 다른 사람들에게 가하는 공격을 더는 제어할 수 없게 됩니다. 폭력은 내적 공허함을 표현한 것이자, 심적 고통을 긍정적인 태도로 맞이할 능력이 없음을 보여 주는 것입니다.

열대 지방에 있는, 야자수로 뒤덮인 작은 섬을 머릿속에 그려 봅시다. 그리고 크기가 어마어마하게 큰 종이이 섬을 덮고 있다고 상상해 봅시다. 그 모습이 마치 외부의 위험에서 섬을 지켜 주고 보호해 주는 투명한 덮개 같습니다. 번개가 번쩍이며 지상으로 떨어지고, 폭풍도 거세게 붑니다. 그러나 덮개가 있어 그 어떤 것도 섬에 도달하지 않습니다. 이런 식으로 우리는 자기 자신과 자신이 택한 가치들을 지킬 수 있을까요? 최첨단 디지

털 문화에 사로잡힌 우리가 이 시대에 만연한 유혹에서 조금이라도 벗어날 수 있을까요? 우리 자신과 다른 사람에 대한 폭력성을 제어할 수 있을까요?

◇ ◇ ◇

엘리자베스 루카스 상처나 좌절에 대처하는 방법이 세 가지 있습니다. 가장 효과적이고 정신 건강에도 좋은 첫 번째 방법은 우리가 앞에서 태도적 가치에 대해 다룰 때 이미 언급된 방법입니다. 상처가 우리를 아프게 하도록 내버려 둘 필요가 없음을 아는 것이지요. 공격을 받아 상처를 입었을 때 우리는 여러 가지 방법을 찾을 수 있습니다. 자신에게 상처를 준 이와 대화할 수 있습니다. 혹은 상처를 입은 사람들과 교류할 수 있습니다. 폭력을 쓰지 않고 저항하는 방법을 찾을 수도 있습니다.

첫 번째 방법을 제외한 나머지 방법은 부정적인 방향으로 나아갈 소지가 있습니다. 그중 두 번째 방법은 자신을 공격하는 것입니다. 자살률을 높이는 데 일조한 방법이지요. 많은 사람이 상처를 입거나 좌절하게 되면 그 고통 때문에 불안해지거나 화도 납니다. 하지만 이 부정적인 감정을 표출하지 않고 어떻게 해야 할지 모릅니다. 그 감정을 타인에게 덮어씌울 마음도 없습니다. 그래서 어쩔 수 없이 그 감정을 자기 자신에게로 향하게 합니다.

대부분의 정신적인 문제가 이러한 방법과 관련되어 있습니다. 거식증에 걸린 사람, 자해하는 사람, 우울증에 걸린 사람, 외상을 입고 숨거나 말을 하지 않는 사람, 위궤양, 편두통 등의 고통으로 몸을 펴지도 못하는 사람. 자신을 향한 공격은 어떤 형태라도 무익합니다. 본인이 받는 고통만 가중시킬 뿐이지요. 자신을 향한 공격은 누구에게도 도움이 되지 않습니다. 이는 본인에게는 물론 주변 사람들에게도 나쁜 영향을 미칩니다.

상처나 좌절에 반응하는 세 번째 방법은 전이입니다. 전이는 다른 것으로 옮기는 것을 말하지만, 흔히 생각하듯 완전히 나쁘지만은 않습니다. 누군가가 화가 나서

문을 탕 닫거나 연필심을 똑똑 부러뜨립니다. 접시를 벽에 던집니다. 이러한 행동은 실제로 문이나 연필, 접시를 망가뜨리려는 목적이 아니라는 걸 누구나 알 수 있습니다. 그래서 이렇게 생각할 수도 있습니다. '그래, 그렇게 해서 당사자가 화를 밖으로 내보내고 그가 망가진 물건들을 사서 새것으로 바꾸어 놓는다면 아무 문제가 되지 않지.'

그러나 그가 자신의 화를 그것에 책임이 없는 대상, 그것과 관계없는 대상에게 전이하고 푸는 데 익숙해진다면 그것은 문제가 됩니다. 처음에 보이는 반응은 단지 물건을 망가뜨리는 행동일지도 모릅니다. 그러나 나중에는 꽃을 꺾거나 애완동물을 때리게 될 것입니다. 그러다가 점차 배우자에게 소리 지르거나 자녀를 때릴 수도 있습니다. 이렇게 수위가 점점 높아집니다. 흥분한 가운데 상황은 더 악화되고 맙니다. 고통에 반항하는 태도, 좌절 때문에 가하는 공격은 자신의 고통과는 전혀 관련이 없는 어떤 대상 혹은 누군가에게 향합니다.

종종 안 좋은 일에 대한 책임을 가까운 이들에게 떠넘기는 경우도 있습니다. 이들은 다른 사람들에게 보상하게 하고, 자신이 저지르지 않은 잘못을 그들에게 책임지게 합니다.

동물의 세계와 비교해 볼 수 있습니다. 동물원 안에 있는 호랑이가 치통을 앓는다면 아무 조치도 할 수 없는 조련사는 불시에 공격당하지 않도록 매우 조심해야 합니다. 평소에 호랑이를 자기 마음대로 다룰 수 있더라도 말입니다. 이가 아픈 호랑이는 고통스러워서 뭔가를 물려고 합니다. 이때 아파서 뭔가를 물려는 호랑이와 가족을 위협하는 가장은 다릅니다. 이러한 행동을 하는 가장은 자신의 행동이 인간으로서 윤리적으로 합당한지 통찰할 수 있으니까요. 그는 직장 상사에게는 자신을 낮추며 겸손한 태도를 보일 것입니다. 그러나 잔뜩 화가 난 채 집에 와서 가족에게 공포를 심어 줍니다.

이처럼 책임 없는 이들과 관계없는 이들에게 책임을 덮어씌워서는 안 됩니다. 죄 없는 사람은 보호해야 합니다. 이는 세상의 모든 민족이 동의할 윤리적 요청입니다. 이렇게 하면 일상에서 사람들 사이에 일어나는 사소한 다툼도 없어질 것입니다.

지난 세기에는 스트레스를 받은 사람들에게 공에 주먹질을 하라든지, 스트레스를 준 사람의 사진에 칼을 던지라든지 하는 방법을 권유했습니다. 그러나 이러한 방법은 아무 소용이 없었습니다. 그들의 공격성만 점점 더 심해졌을 뿐입니다. 그 공격성은 주위 사람들에게 무서울 정도로 빨리 전이되었습니다. 상대팀이 이긴 경우 훌리건들은 거리를 지나가는 사람들을 두들겨 팼습니다. 어떤 일에 몹시 흥분하거나 쉽게 이성을 잃는 이들은 일자리를 찾지 못하거나 다른 불이익을 당할 경우에 외국인 거주 지역에 불을 질렀습니다.

이러한 행동은 멈추지 않습니다. 한 가지 고통은 다른 고통을 낳습니다. 그리고 또다시 새로운 고통을 낳습니다. 이런 식으로 고통의 사슬이 이어져, 비참함과 절망을 일으킵니다. 누가 그러한 사슬을 끊을 수 있을까요? 불안과 분노와 고통을 안고 있는 사람들 각자가 그렇게 할 수 있습니다. 자신뿐 아니라 죄가 없는 사람에게 공격을 가하고 고통을 전이하기를 포기하면 그 사슬을 끊을 수 있습니다.

우리는 불안, 분노, 고통으로 무엇을 할 수 있을까요? 프랑클은 이러한 조언을 합니다. "바꾸세요!" 이는 그런 부정적인 감정들을 에너지원으로 바꿔 보라는 말입니다. 우리는 자신에게 힘을 슬쩍 건네주는 것이 무엇인지 이미 압니다. 순간의 의미입니다. 그것은 우리가 편안한 시간을 보낼 때에도 우리를 부르지만 고통을 겪을 때에도 부릅니다. 물론 우리는 감정이 쏟아 내는 폭포처럼 엄청난 소리를 듣느라 순간의 의미가 외치는 걸 못 들을 수 있습니다. 운명에 타격받았다면 시간에 내맡기라는 말은 어느 정도 현명한 조언입니다. 시간에 내맡겨야 마음의 평정을 되찾을 수 있습니다.

우리가 불안, 분노, 고통으로 경험하는 것이 무엇인지 의식하고 있다면, 자연에서 지혜를 얻어 그 상태를 조절할 수 있습니다. 동물들은 다쳤을 때, 위협받을 때, 공격 당했을 때 불안, 분노, 고통 같은 감정들을 체험합니다. 동물들은 목숨을 구하려고 싸우거나 달아나기 위해 힘이 필요합니다. 그 동물들 안에서 생기는 공격성이나 호르몬이 싸우거나 달아날 힘을 줍니다.

마찬가지로 인간도 고통을 겪을 때 그 고통을 될 수 있는 한 줄이기 위한 힘이 필요합니다. 상황에 따라서는 자기에게 닥친 문제를 해결하기 위한 힘, 자기에게 닥친 불행을 꿋꿋이 견뎌 내기 위한 힘이 필요합니다. 인간은 이 힘으로 온갖 걱정, 눈물, 고통을 멎게 할 수 있습니다. 그리고 바로 그 순간의 의미에 귀 기울이면, 힘이 무엇에 쓰여야 유익한지 답을 듣게 될 것입니다. 현재의 고통을 줄이고 다가올 고통을 없애기 위해 힘의 형태는 유연하게 바뀔 수 있습니다. 우리가 한계에 부딪쳤을 때, 그 한계를 뛰어넘지 못할 때도 가치를 지향하며 숭고한 태도를 지니는 데 힘을 사용할 수 있습니다.

우리에게 고통을 가한 대상이 운명이 아니라 어떤 적

대적 인물이라면, 고통의 사슬이 퍼져 나가기 전에 막아야 합니다. "눈에는 눈, 이에는 이야!"라는 말을 신념으로 삼고 보복한다면, 고통의 사슬이 두 사람을 옭아매면서 서로 상대방을 죽도록 증오하게 합니다. 결과는 뻔합니다. "영혼의 평온이여, 안녕!" 고통을 전이한다면 사슬은 이웃, 친구, 동료를 향해 나아가 더욱 옥죄어집니다. 이를 잘 보여 주는 게 따돌림입니다. 또 어떤 사람은 상대방을 비방합니다. 자신을 공격하며 괴롭히기도 합니다. 이런 사람은 실제로도 병이 납니다.

그렇지만 순간의 의미는 우리에게 인도적 대안을 제시합니다. "멈춰! 너는 동물원에 있는 호랑이가 아니야. 대응하려고 상대방을 무는 어리석은 행동을 하면 안 돼! 너는 영적 존재고 결정할 능력이 있어! 고통을 모아서 힘으로 바꿔 봐. 그것을 손에 들고 너의 적에게 가. 그리고 문제를 놓고 솔직하게, 상대방을 존중하면서 대화해 봐. 또 그에게 자신의 고통을 말할 기회를 줘. 그의 말에 공감하고 그의 입장을 이해하려고 노력해 봐. 손을 내밀며 그에게 한 걸음 다가가. 이때 너 자신에게 충실히 머물러야 해. 만일 그가 너의 친절을 거부하더라도 사랑 안에 머물러. 그에게서 아무것도 기대하지 마. 대신 네가 줄 수 있는 여러 가지 선행을 생각해."

물론 저는 이러한 방식으로 모든 갈등을 해결할 수 있다고 약속하지는 못합니다. 이렇게 한다면 자기 자신에게 자부심을 가질 수 있다는 것을 약속할 수는 있습니다. 고통의 사슬을 끊는 사람은 훌륭한 사람입니다. 그의 영혼에는 평온이 깃들 것입니다.

부정적인 생각은
타인에게도 영향을 줍니다

◆ ◆ ◆

 신경계 장애로 저를 찾는 환자 수가 지난 10년 동안 크게 증가했습니다. 더구나 점점 더 환자들의 나이는 어려졌습니다. 예전에는 25세 미만의 환자들이 가끔 찾아왔다면, 지금은 그 나이 대의 환자가 적어도 열 배 이상 찾아옵니다. 그래서 환자들의 체온을 도표로 만들어 보니 건강이 우려되는 결과가 나타났습니다.

 오늘날은 어린이와 청소년들의 삶의 조건이 눈에 띄게 달라졌습니다. 교육학자 샤르마이네 리버츠는 독일 대도시에 사는 아이들을 연구한 자료를 내놓았습니다.

이 자료를 보면 도시 아이들 가운데 25퍼센트는 읽고 쓰는 것이 약하고, 30퍼센트는 인지 능력이 부족하며, 34퍼센트는 언어 장애가 있습니다. 35퍼센트는 계산이 취약하고, 38퍼센트는 몸과 마음에 병이 있어 어려움을 겪습니다.

즉 도시 아이들이 다음과 같은 특징들을 지닌 '새로운 형태의 어린 시절'과 연관이 있음을 암시합니다.

1. 인위적인 공간은 많은데 체험할 공간은 적다.
2. 수동적인 아이는 많은데, 활동하거나 모험하기를 원하는 아이는 적다.
3. 눈과 귀를 빼앗는 자극은 많으나 감각으로 느끼는 자극은 그보다 적다.
4. 미디어를 통해 간접적으로 접하는 정보는 많으나 독자적인 사고를 하는 경우는 적다.
5. 소비는 많이 하지만 창의적으로 소비하는 경우는 별로 없다.

이 모든 것은 오늘날 아이들에게 지나치게 요구하고,

신체적·심리적·사회적 장애를 겪게 합니다. 아이들은 디지털 시대를 살기 위해 큰 희생을 치릅니다.

젊은 엄마들도 시대적 변화의 격류에 휩쓸립니다. 대다수 엄마들이 가사와 자기 계발 교육, 직업 활동을 어떻게든 병행하려 합니다. 아이가 유치원을 졸업하기도 전에 말입니다. 일부 아이들은 엄마와 떨어진 채 낯선 또래 아이들과 유치원 교사들로 둘러싸인 황야에서 온전히 살아남을 능력이 없습니다. 아버지들도 아이와 상황이 크게 다르지 않습니다. 몇몇은 점점 더 냉혹해져가는 노동 시장에서 살아남기 위해 날마다 투쟁합니다.

이 모든 것은 가족 관계를 힘들게 합니다. 가정에서 공동생활을 조화롭게 꾸리기가 점차 어려워지고 있습니다. 그럼 가정에서는 어떻게 해야 할까요?

◇ ◇ ◇

엘리자베스 루카스 모든 것에는 양면성이 있습니다. 세월이 흐르면서 여성들도 남성들과 거의 동등한 권리를 갖게 되었습니다. 그래서 정치, 경제 분야를 포함해 다른 분야에서도 여성들의 몫이 요구됩니다. 좋은 변화라고 할 수 있지만 결국 아이들을 돌보는 시설이 더 많이 필요하게 된다는 의미입니다. 그리고 여기에는 단점이 있습니다. 아이들을 돌보는 시설이 엄마를 충분히 대체할 수 없다는 점입니다. 엄마는 돌보는 사람 이상의 존재입니다.

저는 여성들이 집으로 돌아가야 한다는 말을 하려는 게 아닙니다. 물론 아이가 받는 사랑 중에서 엄마의 사랑보다 더 좋은 것은 없습니다. 아버지나 다른 사람들도 당연히 아이에게 사랑을 줄 수 있습니다. 그들이 늘 아이 곁에 있다면 말입니다. 그렇지만 아이와 엄마를 잇는 끈은 본래 아주 특별한 그 무엇입니다. 다른 사람들이 단순히 따라 할 수 없습니다.

이러한 점은 수많은 연구를 통해 증명되었습니다. 온전한 가정의 품에서 어릴 적부터 안정적으로 자란 이들은 근원적 신뢰를 품고 살아가기 더 쉽다는 결과가 있습니다. 그러나 이 연구 결과가 근원적 신뢰를 품기 힘든 일을 겪은 사람들에게 용기를 잃게 해서는 안 됩니다. 이들도 모든 것을 새롭게 하는 긍정적인 마음을 지니고 있습니다. 나중에라도 부모에게서 받지 못한 것들을 본인의 힘으로 이룰 수 있습니다. 이러한 수많은 연구는 자녀를 위해 몇 가지 일이라도 포기하도록 부모에게 동기를 부여해 주는 역할을 해야 합니다. 예를 들자면, 한동안 두 가지 직업을 갖지 않기, 성공에 집착해서 일에만 몰두하지 않기, 자기 계발을 위한 활동 중 몇 가지는 미루기 등이 있습니다.

사람들은 여러 방법으로 자아실현을 추구합니다. 전업 주부도 유능한 직장 여성처럼, 기혼 여성도 싱글처럼 말입니다. 우리가 살면서 그때그때 내리는 결정이 우리 자신을 형성합니다. 그리고 유일무이하고 누구와도 뒤바꿀 수 없는 자신을 구현할 수 있도록 이끕니다.

자녀를 양육하는 일은 복잡합니다. 아이를 곁에서 돌

보는 엄마는 항상 천사일 수 없습니다. 아이들은 건강한 영혼을 가지고 있습니다. 자신이 사랑받음을 느끼는 한, 아이에게는 아무 이상이 없습니다. 아이들에게 겁을 주는 것은 부모가 격하게 싸우는 장면을 봤을 때, 부모가 극심한 불안을 가졌을 때입니다.

부모가 싸우면 아이들은 그저 무기력하게 바라볼 수밖에 없습니다. 자기가 안전하다고 여겼던 토대가 와르르 무너지는 것만 같습니다. 자기가 곤경에 처할 때면 엄마, 아빠가 항상 도와주고, 위로해 주고, 해결책을 알려 주면서 자기편을 들어 주어 지금까지는 안전했는데, 부모가 싸우는 걸 보면 갑자기 깨닫게 됩니다. 이제 부모는 자기를 도와줄 수도, 위로해 줄 수도 없다는 것을 말입니다. 부모가 자신을 위한 해결책을 찾을 수 없다는 것을 알게 되는 것입니다. 충격입니다. 이는 비행기를 타고 가는데 조종사가 의식 불명 상태라는 사실이 밝혀진 것과 같습니다.

부모가 불안이 심한 사람이라면 자녀는 본능적으로

그 불안을 물려받습니다. 어미 동물이 도망치면, 본능의 법칙은 새끼 동물에게도 도망치라고 가르칩니다. 어미 닭이 하늘을 나는 매를 보고 숨으면, 병아리들도 종종거리며 덤불 속으로 들어가 머리를 박습니다. 어미가 두려워하는 모습을 보면서 새끼는 위험이 임박했음을 알아차립니다. 그리고 이에 걸맞게 행동합니다. 바로 이 생존 패턴이 우리 인간의 피 속에 잠재되어 있습니다. 아이는 엄마와 길을 걷다가 신호등 앞에서 멈추어 섭니다. 옆에 있는 엄마가 걸음을 멈췄기 때문입니다.

 엄마가 몹시 신경질적으로 반응하고 해롭지 않은 자극에도 혼란에 빠진다면 상황이 매우 심각합니다. 추락할지도 모른다는 이유로 에스컬레이터를 타지 않을 때, 갑자기 멈춰 설지도 모른다는 이유로 엘리베이터를 타지 않을 때, 고소 공포증이 있다는 이유로 높은 계단을 오르지 않을 때, 익사할지도 모른다는 이유로 바다에서 수영하지 않을 때 등등이 그렇습니다. 엄마의 이런 모습을 바라보며 아이는 어쩔 수 없이 상상의 날개를 폅니다. 주변 곳곳에 죽음과 파멸이 숨어 있다고, 낯선 것에 도전하고 행동에 옮기는 건 위험한 일이니 뒤로 물러서야 한다고 말입니다. 이는 아이의 발전에 제동을 거는 것입니다. 이런 아이는 자라면서 어떤 일을 극복해 나가며 더 성숙해져야 합니다. 그래야 본능적으로 물려받은 불안, 불필요한 불안의 숲에서 벗어날 수 있습니다.

저를 찾아온 여성 환자도 과도하게 불안해하고 아이를 과보호하는 엄마였습니다. 그것이 훗날 딸에게 어떤 영향을 미칠지 말해 주자, 그녀는 깜짝 놀라며 자신이 가진 불안을 극복하겠다고 했습니다. 딸이 쾌활하게 살아가도록 하기 위해서입니다.

아침에 일어나 그녀는 자신에게 이렇게 말했습니다. "오늘도 사랑하는 딸을 위해 조금이라도 용기를 내 봐야지. 성공하면 매일 쓰는 수첩에 별 스티커 하나를 붙이자." 그런 다음, 불안이 찾아오기를 기다렸습니다. 아침 식사 때 딸이 손으로 커피포트를 들고 컵에 물을 부으려 하자, 그녀의 심장이 쿵쾅쿵쾅 뛰기 시작했습니다. '딸이 끓는 물에 손을 데고 말 거야.' 그녀의 불안이 낮은 목소리로 말했습니다. 그렇지만 그녀는 인내하면서 자리에 앉아 있었습니다. '내 아이는 잘 해낼 거야. 자, 용기를 내자!' 그녀는 마음속으로 자신의 불안과 맞섰습니다.

그날 오후에 딸이 자전거를 탄다고 했을 때, 공포가 다시 그녀를 덮쳤습니다. 그렇지만 그녀는 이번에도 참고 딸의 바람을 들어주었습니다. '내 아이는 잘 해낼 거야. 자, 용기를 내자!' 딸은 즐거워하며 자전거를 타고 달렸습니다. 딸이 무사히 집으로 돌아왔는데도 그녀는 여전히 낯빛이 약간 창백했고 몸이 떨렸습니다. 덜덜 떨면서 수첩에 별 스티커를 하나 더 붙였습니다. 이날은 자신이 가진 불안을 두 차례 극복한 것입니다!

이런 식으로 그녀의 수첩은 승리의 상징들로 채워졌습니다. 그리고 딸도 삶의 모험에 도전하게 되었습니다. 이를 통해 아이는 자신감을 갖게 되었고, 일을 해낼 능력도 지니게 되었습니다. 발전을 가로막는 불쾌한 일, 하기 싫은 일이 생기더라도 "용기를 내자!"라는 말이 힘든 상황을 잘 이겨 내도록 그녀를 지탱해 주었습니다.

한번은 딸이 칼로 과일을 깎다가 엄지손가락을 베었습니다. 친구의 생일 파티에 갔다가 돌아오면서 주변이 어두워 길을 잃은 적도 있었습니다. 다행히 지나가는 사람의 도움을 받아 무사히 집으로 돌아왔습니다. 이런 경험을 통해 아이는 무언가를 배웠습니다. 그리고 엄마는 불쾌한 일, 하기 싫은 일이 일어나더라도 세상이 몰락하지 않음을 배웠습니다. 엄마와 아이는 근원적 신뢰를 품고 성장하면서 점차 모든 것에 잘 적응하게 되었습니다.

부모가 자녀에게 이런 메시지를 주면 가장 좋습니다. "네가 어떤 성적을 받든, 네가 어떤 일을 하든, 네 건강이 어떻든 너는 소중한 사람이야!" 이러한 메시지는 대부분 말로 전달되지 않고, 부모의 행동을 통해 전달됩니다. 부모가 자녀를 위해 시간을 내고 함께하면서, 자녀에게 너그럽게 대하고 애정을 담은 말을 건네면서 자녀에게 이런 메시지를 줄 수 있습니다. 자녀가 누군가를 필요로 할 때 그 자리에 있어 주고, 자녀가 누군가를 필요로 하지 않는다면 지켜봐 주는 가운데 이런 메시지를 전달할 수 있습니다.

이렇게 아이에게 전달되는 메시지는 아이가 확신을 가지고 주도적인 삶을 살 수 있도록 도와줍니다. 그러한 확실한 메시지를 받은 아이들은 컴퓨터 화면을 들여다보기보다 부모와 소통하기를 더 좋아할 것입니다. 게임의 유혹에 끌려들어 가지 않고, 그것에 중독되지도 않을 것입니다. 이때 부모가 "네가 소중하듯 다른 사람들도 모두 소중하다."라는 메시지를 추가로 자녀에게 전해 줄 수 있다면, 자녀는 주위 사람들을 존중하게 될 것입니다. 그리고 몹시 화가 나더라도 누군가를 사납게 공격하지 않으려고 뒤로 물러날 것입니다.

이를 위해 부모는 자녀가 다른 이와 갈등을 가졌다면 그 해결책으로 평화로운 방법을 제안해야 합니다. 자녀가 상대방에게 상처를 주거나 상대방을 깎아내리는 방법은 쓰지 않게 해야 합니다. 그렇지 않으면 이러한 메시지는 아이들에게 거짓이라고 여겨집니다.

아이들은 섬세합니다. 자기가 인식하는 것보다 훨씬 더 많이 느낍니다. 언제 자기가 스트레스를 받는지, 언제 부모의 방해물이 되는지, 언제 부모의 걱정을 덜기 위해 텔레비전을 꺼야 하는지 정확히 알아챕니다. 아이들은 마음이 짓눌린 부모가 그 욕구 불만을 걸러 내지 않은 채 언제 자기에게 쏟아 낼지 알아챕니다. 언제 자기가 사랑을 받는지, 사랑 대신 선물이 주어지는지 알아챕니다.

아이들 영혼 속에 모든 게 적혀 있습니다. 원래는 부모의 일기장에 적혀 있어야 할 내용도 말입니다. 부모는 자녀 영혼 속에 이미 적혀 있는, 자신이 감추고 싶은 내용을 끄집어내어 박박 지울 수 없습니다. 그러므로 자라나는 세대를 교육하는 일은 요구하는 바가 많은 과제, 형체가 다양한 과제입니다. 이는 우리에게 행복한 순간을 많이 안겨 주지만, 동시에 책임감도 많이 지니게 합니다.

일은 당신의
전부가 아닙니다

◆ ◆ ◆

전쟁 때와 전쟁이 끝난 당시에는 집단 우울증 증세가 나타나지 않았고, 정신과 의사를 찾아오는 사람도 없었습니다. 오늘날 복지 시대와 비교해 보면 그때의 고통은 말할 수 없을 정도로 더 컸을 테지만 말입니다. 전쟁 이후 하루하루 살아가는 것, 폐허가 된 도시들과 사회 기반 시설을 재건하는 일에 초점이 맞춰지면서 사람들은 바빠지고 지쳐 갔습니다. 그러면서 자신과 잘 교류하지 못했습니다.

어떤 관점에서 보면 그다지 나쁘지 않았습니다. 소비

에 대한 압박, 사회적 고립, 무의미를 그들은 알지 못했습니다. 어렵고 힘든 시대는 사람들을 긴밀히 결속시킵니다. 그리고 가치를 되찾는 일은 인내심을 크게 강화시킵니다. 귀향한 군인, 전쟁미망인, 힘겹게 가정을 지킨 조부모, 전쟁 때 자란 아이. 그들 모두 자신들이 무엇을 위해 고생했는지 잘 알았습니다. 그들은 투덜대지 않았고, 자신들이 품은 꿈의 먼 지평에서 빛나는 목표를 바라보면서 노력했습니다.

그러나 오늘날에는 그 모든 것이 왜 그토록 달라졌을까요? 왜 불평은 늘고 꿈은 아주 적을까요?

◇ ◇ ◇

엘리자베스 루카스 시대마다 고유한 어려움을 지닙니다. 흑사병이 퍼졌던 시대, 전쟁이 빈번했던 시대, 굶주림에 허덕이던 시대는 상황이 매우 좋지 않았습니다. 우리가 사는 지금 이 시대도 그러한 어려움이 있습니다.

그렇다 해도 이 시대가 어떤 위대한 업적을 이루어 인류 역사에 기여할 수 있을지 잊어서는 안 됩니다. 우리는 선조들보다 평균 수명이 훨씬 높아졌습니다. 의료 기술도 발전되었습니다. 오늘날 발전된 의학을 보면 우리 조상들은 깜짝 놀랄 것입니다. 베토벤이 귀에 보청기를 끼고 넓은 홀에 앉아서 자신이 작곡한 교향곡 9번에 나오는 〈환희의 송가〉를 오케스트라 연주로 직접 듣는다면 그는 무슨 말을 할까요? 그는 천부의 재능을 펼쳤던 그 영역에 머무를 수 있을까요? 옛날에 내장안[6] 때문에 앞을 볼 수 없었던 사람들은 오늘날 보편적으로 행해시는 내장안 수술을 보고 무슨 말을 할까요?

현대 시대의 믿기 힘든 유동성에 대해서도 생각해 봅시다. 오늘날 화성 여행의 꿈이 프랑스 작가 쥘 베른의 고전 과학 소설 《80일간의 세계 일주》를 밀어내고 그 자리로 들어갔습니다. 세상을 둘러보고자 하는 사람은 북

---

6) 안압眼壓의 상승 등의 이유로 안구 안에 생기는 눈병의 하나. 흑내장, 백내장, 녹내장 등이 있다. — 역자 주

극 지방부터 시작해 사하라 사막을 거쳐 남극 지방까지 가는 패키지여행을 집에서도 편안히 예약할 수 있습니다. 《동방견문록》을 쓴 탐험가 마르코 폴로가 이 사실을 알았더라면 당장 신발을 벗어 던지며 반겼을 겁니다.

학문 영역이나 예술 영역을 둘러보고자 하는 사람은 학생이건 퇴직자건 상관없이 모든 연령층이 참여할 수 있는 다양한 프로그램을 택할 수 있습니다. 타임머신이 우리를 중세로 데려다 놓는다면 아마도 우리는 답답할 것입니다. 그러니 현재에 만족하고 감사하는 마음을 지녀야 하겠지요.

최근 수십 년에 걸쳐 어려움이 확산되는 추세입니다. 인구는 지속적으로 증가하고 자원은 한정되어 있기에 점점 더 부족해지고 있습니다. 에너지 위기, 경제 위기, 기후 위기 등이 지금까지 우리를 가볍게 건드렸다면 앞으로 사회적 '병목 현상'[7]은 더욱 증가할 것입니다. 노동

---

7) 도로의 폭이 병목처럼 갑자기 좁아진 곳에서 일어나는 현상. 수요는 늘어나는데 공급은 줄어드는 현상을 말하기도 한다. — 역자 주

시장에서 그것을 명확히 느낄 수 있습니다. 나이가 들어 일을 구하는 이들은 힘겹게 일자리를 찾아냅니다. 학교를 갓 졸업한 젊은이들은 자신에게 맞는 직장을 얻기 위해 행운을 바랍니다. 중년층은 직장에서 자신의 지위를 지키기 위해 탈진할 때까지 일하는 경우가 다반사입니다. 그러나 그렇게 일하면 건강에 좋지 않습니다. 이러한 상황은 가족 간의 불화를 암시합니다. 탈진한 사람들은 자녀에게 본보기가 되지 않습니다. 주위 사람들에게 실수를 저지르기도 합니다.

저는 탈진 증세를 느끼는 모든 사람에게 몇 가지 조언을 하고자 합니다. 어떻게 해야 본래 상태로 돌아올 수 있을지, 어떻게 해야 다시는 탈진하지 않을지, 어떻게 해야 면역이 될지 그 방법들을 설명해 보겠습니다.

1. 직관적으로 반응하지 말고 자발적으로 행동하기

인간은 자신의 주변 세계를 함께 형성해 가는 존재입니다. 이에 따라 행동 원칙을 세우는 것이 중요합니다.

다시 말해 외부에서 자신에게 들이닥친 것에 반응할 게 아니라, 자발적으로 행동해야 합니다.

일은 창조적 과정입니다. 우리는 이 창조적 과정을 만들어 나갈 수 있습니다. 조각가가 자신이 가진 소재로 작품을 제작하듯 말입니다. 일이 우리를 지치게 하면 그 일이 개선될 수 없는지, 더 빠른 방법은 없는지, 더 수월해질 수 없는지 고민해야 합니다. 구조 바꾸기, 능률 높이기, 구성 요소 변경하기, 일관된 자세 지니기, 불쾌한 일 치우기, 항상 성취하고자 하는 욕구 단호히 끊기 등을 통해 그렇게 할 수 있을 것입니다. 다양한 방법을 시도하고 새로운 방법을 감행하는 데 아무도 우리를 방해할 수 없습니다. 여러 방법 가운데 항상 성취하고자 하는 욕구는 약이 없는 병이 아닙니다.

전기·전자 제품은 가볍게 버튼을 누르면 꺼집니다. 음악회가 열리기 전에 사회자가 관객에게 다음과 같이 당부하는 말은 때로 우리 자신을 향한 것일 수도 있습니다. "휴대 전화 전원을 꺼 주시기 바랍니다!"

요즘에 사람들은 개인 정보를 보호해야 한다고 중요하게 말합니다. 그런데 실제로 사생활을 보호받을 수 있을까요? 목적을 달성하지 못하면 때로 무언가를 놓치게 됩니다. 그러나 우리가 성취에 연연해하지 않는 단계에 이를 때 비로소 모든 게 균형을 이루게 될 것입니다.

또 직장에서 함께 일하는 사람들과 소통이 잘 되어야 합니다. 그러나 이 일은 어려울 때가 많습니다. 마음을 열고 상사, 동료, 후배와 진정성 있는 대화를 나눈다면 밝은 분위기를 만들고 오해를 피하는 데 큰 도움이 될 것입니다.

"눈에는 눈, 이에는 이"라는 말이 요즘은 통하지 않는다는 걸 우리는 잘 압니다. 우리는 화가 나면 이러한 화를 적합한 사람에게 언어로 표현할 것인지 아닌지 먼저 생각해 봐야 합니다. 그리고 그것을 상대방의 언어가 아닌, 자신의 언어로 표현해야 합니다. 자신의 언어가 존중되는지 아닌지 시험해 보십시오. 우리가 일하는 직장의 어느 은밀한 곳에서 고통의 사슬이 우리를 옥죄려고 다가오더라도 그 사슬이 우리의 머리를 베지는 않습니다. 그리고 대화를 통해 협력하는 공동체를 일궈 갈 가능성이 있습니다.

2. 규칙적으로 침묵하는 시간 갖기

우리가 하는 일은 모두 깊이 생각하고 결정을 내려야 합니다. 갈등하거나 좌절할 때에만 결정을 내리지는 않습니다. 그러므로 휴식을 취할 때 규칙적으로 침묵하는 시간을 가질 필요가 있습니다. 이는 매우 중요한 일입니다.

저는 숙고와 명상의 중요성을 다시 한번 강조하려 합니다. 복잡한 상황에 처했다면 무엇을 실행하고 무엇을 하지 말아야 할지 자신에게 말해 주는 '내면의 소리'를 듣지 않고서는 그 상황을 풀 수 없습니다. 상황을 바꿀 만한 비전을 그려 볼 수 없으며, 생산적인 다음 행보를 계획할 수도 없습니다. 아무도 그에게 무언가를 말해 줄 수 없지만 그의 마음 깊은 곳에서 내면의 소리, 양심은 그에게 무언가를 말해 줍니다. 이는 우리가 지닌 가장 확실한 기준입니다.

논리와 이성은 뒤엉킬 수 있습니다. 비싼 비용을 들여 습득한 교양은 예상치 못한 사건들의 소용돌이 속에서 서서히 그 빛을 잃을 수 있습니다. 오직 양심만이 자기 존중과 인간의 품위를 상실하지 않고서 앞으로 나아갈 길과 출구를 우리에게 지속적으로 알려 줍니다. 우리는 그렇게 행동하기만 하면 됩니다. 그러려면 침묵이 필요합니다. 계속 울려 대는 휴대 전화 벨 소리, 음악, 거리의 소음, 잡담 사이에 침묵이 필요합니다.

3. 기꺼이, 차분하게 일하기

우리가 어떤 일을 기꺼이 하고, 또 차분히 하면 그 일을 잘해 낼 수 있습니다. 그러므로 '기꺼이 일하기'와 '차분히 일하기'를 방해하는 것을 버려야 합니다.

먼저 '기꺼이 하기'에 관해 언급하겠습니다. 어떤 일이 누군가의 힘을 과도하게 요구하지도 않고 너무 적게 요구하지도 않으면, 당사자는 그 일을 기꺼이 할 수 있습니다. 행복 연구가인 미하이 칙센트미하이는 이와 관련해 '몰입 이론'을 제시했습니다. 그는 성인 100,000명 이상을 대상으로 설문 조사를 해서 이러한 점을 밝혀냈습니다. 사람들이 일하면서 실패할 위험성이 없거나, 일이 너무 단조롭거나 쉬운 탓에 지루해지면 만족감을 전혀 느끼지 못한다는 것이었습니다.

그러므로 각자 자신에게 요구된 것이 무엇인지 정확히 인지해야 합니다. 극심한 스트레스를 받을 때에는 자기 자신에게 주어진 일이 많다고 느낄 수 있습니다. 그렇다면 이때는 더 참거나, 자신이 과도한 업무를 받았음을 용기 있게 고백할 수 있습니다. 또 매우 지루하다고 느낀다면, 이때는 가벼운 일을 더 맡거나, 책임 영역을 확대하거나, 다른 사람들을 돕거나 취미 활동을 할 수 있습니다. 각자 '몰입의 강'과 그 경계에 머물도록 힘써야 합니다.

예외 없이 모든 일을 기꺼이 해서는 물론 안 됩니다.

그러나 일에는 중요하고 긍정적인 목표가 있습니다. 예를 들면 청소하는 일은 쾌적하고 깨끗한 공간을 만듭니다. 겨울에 눈이 쌓였을 때 삽으로 길 위의 눈을 치우고 모래를 뿌려 놓는다면, 노인들도 편하게 그 길을 걸어갈 수 있습니다. 관점을 바꾸어 "당신은 누구에게 도움을 줍니까?"라는 물음도 하나의 기준이 될 수 있습니다. '기꺼이 일하기'에 마음을 열고 다가가면 이 기준에 도달할 수 있습니다. 자신이 무엇을 위해 일하는지 그 목표를 의식하는 사람은 억지로 일하지 않을 것입니다.

다음은 '차분히 일하기'입니다. 현대인의 삶은 압박받지 않아야 합니다. 일정에 쫓기거나 명예욕에 짓눌리지도 않아야 합니다. 일할 때 압박을 받으면 작업의 질이 떨어집니다. 그러면 유능하고 완벽한 사람이 되고자 하는 바람과 그러한 사람이 되면 얻을 영광과 만족도 포기해야 합니다. 많은 일이 잘 이루어지지 않습니다. 자신이 바라는 대로 빠르게 진행되지 않습니다.

남을 돕는 직업 및 서비스업, 상업에 종사하는 이들

도 외적으로 압박을 심하게 받습니다. 우리는 한 가지씩 차근차근 다루어야 합니다. 눈앞에 있는 일에 집중하고, 처리를 기다리는 일에 압박받지 않고서 말입니다. '순간의 의미'를 실현하면 충분합니다. '더 많이'가 항상 이치에 맞는 건 아닙니다. 그것이 행복 대신 불행을 낳는 경우도 적지 않습니다.

그에 더해 꼭 필요한 것이 있습니다. 겁내지 않는 것, 죄책감에 빠지지 않는 것입니다. 우리는 기분 나쁠 수도 있습니다. 경쟁할 수도 있지요. 줄어드는 매상을 자기 탓으로 돌릴 수도 있습니다. 이미 그랬을 수도 있습니다. 다양한 일이 일어날 수 있습니다. 그렇더라도 불안은 우리 행동의 원동력이 아닙니다. 우리 행동의 원동력은 사랑입니다. 잘된 일, 건전한 직장 분위기에 대한 사랑입니다.

이를 위해서는 반드시 영혼이 평온해야 합니다. 불안한 사람들은 평온한 사람들보다 실수를 많이 하게 됩니다. 신경이 과민해 더 많은 잘못을 저지르기 때문입니다.

그러니 마음의 평온을 유지하십시오. 자신이 바라는 것을 향해 나아가십시오.

4. 효율적인 시간 분배와 우선순위 정하기

번아웃 증후군을 예방하려면 시간을 효율적으로 분배하고 우선순위를 정하는 방법이 있습니다.

자신의 시간을 현명하게 분배할 줄 아는 사람들은 행복합니다. 그들은 줄줄이 이어져 있는 일정에 목매지 않습니다. 시간에 압박을 받지 않습니다. 이상적으로 시간을 분배하면 아무것도 계획되어 있지 않은 자유로운 시간을 끌어낼 수 있습니다. 그러면 예상치 않게 시간이 많이 걸리는 일을 즐겁게 해낼 수 있습니다. 물론 그 속에는 휴식 시간도 들어 있습니다.

이는 행복한 사람들이 항상 몇 개의 방과 서랍을 비워 두고 사는 집에 비유할 수 있습니다. 그들은 그때그때 일어나는 새로운 일에 진정으로 기뻐할 수 있습니다. 어리석은 사람은 장롱과 서랍, 지하 창고까지 모두 무언가로 가득 채워 넣습니다. 그러고는 자신들의 '고급 쓰레기'에 갇혀 거의 질식할 지경에 이릅니다. 정리(청소)와 신속한 처리 능력, 이 둘은 긴밀한 관계가 있습니다. 이 둘은 복지 사회에서 살아가는 현대인에게 필요한 생존 전략이기도 합니다. 현대인은 거의 사용하지 않는 소유물을 간직하려다가 결국 녹초가 됩니다. 읽지 않는 책들, 듣지 않는 CD들, 더는 입지 않는 옷들, 이용할 시간이 없는 운동 기구들, 눈길을 주지 않는 도자기와 그릇들, 이미 오래전부터 쳐다보지 않던 사진들이 집 안에 쌓여 있습니다.

우선순위를 정할 줄 아는 사람들도 행복합니다. 그들은 자신이 무엇을 원하는지 압니다. 현대인의 삶이 복잡해진 이유는 다양한 가능성이 열려 있기 때문입니다. 우리는 모든 일에서 큰 선택을 합니다. 여가, 인간관계, 정치, 종교 등을 놓고 말입니다. 선택에 앞서 결정을 내려야 합니다. 그런데 자발적으로 결정하고 선택하는 능력이 부족한 사람들도 많습니다. 명확한 내적 가치를 추구하고 다른 것을 포기할 준비가 된 사람들만이 결정할 힘이 있습니다. 이는 어린 시절에 이미 시작됩니다. 예를 들면 이렇습니다.

프레드는 토요일 오후에 생중계될 축구 경기를 볼지, 머지않아 열릴 어린이 음악회에 나가기 위해 플루트 연습을 할지, 어린 여동생을 유모차에 태워 밖으로 나갈지, 잡지에서 비행기 사진을 오려 스크랩북을 만들지, 이 네 가지 사안을 놓고 선택해야 합니다. 어떤 결정을 해야 만족스러울까요? 가치 체계가 없다면 결정을 내리기 힘듭니다.

프레드는 머릿속으로 이것저것 고민합니다. 그러나 이렇게 해서는 우선순위를 정할 수 없습니다. 프레드가 가족에 높은 가치를 두었다면 여동생을 돌볼 것입니다. 음악에 높은 가치를 두었다면 플루트를 불 것입니다. 기술에 높은 가치를 두었다면 비행기에 관심을 기울일 것입니다. 그런데 프레드는 다시는 돌아오지 않는 그 토요일 오후에 자신이 선택한 그 활동을 한 것이 만족스러울까요?

자신이 선택하지 않은 것을 포기할 수 있을 때에만 만족을 느낄 수 있습니다. 여동생을 유모차에 태워 밖으로 나가면서 보지 못할 축구 경기를 생각하며 아쉬워하지 않는다면, 플루트를 연습하면서 비행기를 스크랩하지 않은 것을 아쉬워하지 않는다면 자신이 내린 선택에 만족할 것입니다.

여기서 우리는 이런 사실을 알아차릴 수 있습니다. 결정을 내리는 힘은 어떤 가치를 추구하느냐, 어떤 것을 포기할 수 있느냐에 달려 있다는 점입니다. 후자에 대해서는 이의를 제기하는 사람들도 있을 것입니다. 프레드가 이날 오후에 선택하지 않은 것을 다른 날 오후에 할 수 있지 않느냐고 말입니다. 그럴 수도 있고 그러지 않을 수도 있을 것입니다. 아직 아이인 프레드는 그것을 알 수 없습니다. 운명은 자신의 카드를 들여다보도록 우리에게 허락하지 않기 때문입니다. 우리는 그때그때 선택하지 않은 것을 그대로 둘 수밖에 없습니다. 그렇지 않으면 미련을 가지면서 후회하게 될 뿐입니다.

우선순위를 정하는 법을 배우고자 하는 사람은 자신의 가치 체계를 명확히 하고 내려놓는 법을 연습해야 합니다. 가치가 큰 것에 우선순위를 둡시다. 지금 어떤 것이 가치가 큰가요? 가치가 큰 게 하나 있으면 나머지는 잠정적으로 선택되지 않습니다. 지금 어떤 것이 꼭 필요한가요? 명확한 대답이 명확한 결정을 내리게 합니다.

우리의 삶이 위기일발이고 임시로 선택되지 않은 것이 영원할 수 있습니다. 그러나 결정된 모든 것, 실현된 모든 것은 영원히 우리 삶의 역사가 됩니다. 우선순위인 것들은 우리를 증명합니다.

5. 영혼 청소하기

'정리(청소)'라는 주제를 다룰 때 영혼에 자리 잡은 잡동사니를 치우는 일을 잊어서는 안 됩니다. 자신의 일정, 집, 영혼에 빛이 들고 공기가 통하도록 돌봅시다. 한 해, 한 해를 보내면서 영혼에 무엇이 모이나요? 많은 원한과

복수심이 모입니다.

  심리학자 라인하르트 타우슈는 폭넓은 학문적 연구를 통해 용서의 힘을 증명했습니다. 그 힘은 용서 안에 있는 정화하는 힘입니다. 요약하면 이렇습니다. "한 사람이 다른 사람을 용서하면, 자기 자신을 돕는 것이다. 용서하지 않았다면 무거운 짐을 늘 자신이 이리저리 끌고 다녔어야 했기 때문이다."

  자신이 부모, 주위 사람, 친구들에게서 얼마나 많은 긍정적인 것을 받았는지 생각하면 용서하기가 훨씬 수월할 것입니다. 그렇지만 이때 어떤 그림자가 우리 위에 드리워질 수 있습니다. 자신이 누군가를 늘 사랑하지 않음을 인정해야 하기 때문입니다. 우리가 끔찍한 범행의 희생자가 되었다면 범인을 용서하기 매우 힘들 것입니다. 그럼에도 이 사람과 내적 거리를 두어야 합니다. 죄는 범행을 저지른 이의 어깨 위에 놓여 있습니다. 우리가 그의 죄를 곱씹고 평생 원한을 품으면서 우리 어깨에 올려놓아서는 안 됩니다. 그의 뒤를 밟으며 흔적을 찾고 늘 그를 떠올리면서 열받고 그 일을 생각하며 다시 흥분할 이유가 없습니다.

"저에게서 증오의 말은 기대하지 마십시오." 프랑클이 인터뷰할 때 강제 수용소 생활을 이야기하며 한 말입니다. 그는 자신의 영혼을 증오로 물들게 하지 않았습니다. 그는 아우슈비츠에서 살아 돌아온 얼마 안 되는 이였습니다. 그곳의 생존자들은 고통을 겪은 뒤에 다시 살아날 수 있었습니다.

6. 다른 사람들과 비교하지 말기

이상하게도 다른 사람들을 향한 원한, 잡동사니를 치울 때 치워 버려야 하는 이 원한은 다른 사람들이 우리에게 해를 끼치는 것만으로 생기지는 않습니다. 남들과 비교하는 데서도 생겨납니다. 남들과 비교하면서 사람들은 자존감이 낮아집니다. 다른 사람들은 자기보다 더 멋지고, 돈 많고, 능력이 뛰어나고, 인기도 많습니다. 그들은 항상 대우받고, 흠모의 대상이 됩니다. 그러나 자신은 '자란'[8]입니다. 그때 생기는 시기, 질투, 자기 연민이 평온을 갈망하는 영혼을 갉아먹습니다.

이러한 감정은 무의미한 자기 학대이자 부당한 혐오일 뿐만 아니라, 자신이 마주한 상황을 잘못 평가하는 것이기도 합니다. 모든 인간이 가진 재능과 소질, 자원, 약한 면은 서로 다릅니다. 자신이 가진 게 무엇인지는 중요하지 않습니다. 자신이 그것으로 무엇을 하느냐가 중요한 것입니다. 사람은 많은 것으로 적게 만들 수 있습니다. 또 적은 것으로 많이 만들 수 있습니다.

여러 재능과 장점이 성공적인 삶을 보장해 주지는 않습니다. 많은 유명인을 보고 알 수 있듯 말입니다. 이 세상의 자란들에게는 예쁘게 피어날 기회가 숨어 있습니다. 다른 사람들의 재능을 흘겨보는 것은 자신의 고유한 재능을 사용하지 못하게 할 뿐입니다.

---

[8] 대암풀 혹은 대왕풀이라고도 하며 난초과의 다년초로 보랏빛을 띰. 상징적으로는 '벽의 꽃'이라고도 하는데, 파티 때 춤 상대가 없어 벽 앞에 홀로 앉아 있는 여자를 이르는 표현이다. — 역자 주

그렇기 때문에 저는 질투하기보다 다른 사람들의 행복에 함께 기뻐하기를 권합니다. 다른 사람들의 행복에 함께 기뻐하면 불필요한 원한을 빠르게 없앨 수 있습니다. 다른 사람들과 함께 기뻐하는 이는 자신의 재능과 삶의 선물에 만족하게 되는 보너스를 받습니다. 잘 살펴보면 삶의 선물은 사소한 것이 아닙니다. 여기서 한번 생각해 봅시다. 우리는 왜 가까이 있거나 멀리 있는 가난한 이들, 약한 이들과 자신을 비교하지 않을까요? 세상에는 우리보다 더 안 좋은 상황에 처한 사람들이 있습니다. 세상에는 우리보다 더 적게 가진 사람들이 있습니다. 그렇지만 우리는 그들을 생각하지 않습니다. 더 많이 가진 사람들과만 비교하려 합니다.

우리는 비교하기를 그만두어야 합니다. 그리고 다른 사람들과 함께 기뻐하거나 연민을 가질 때 그들이 있어야 할 자리를 찾아 줄 수 있다는 것을 알아야 합니다. 우리 자신과 관련해서는 우리가 삶의 선물에 진심으로 감사할 줄 아는 사람이 되는 것으로 충분합니다.

7. 다른 사람들에게 기대하지 말기

다른 사람들과 자신을 비교하지 말아야 하지만 다른 사람들에게 무언가를 기대하지도 말아야 합니다. 비교가 종종 질투를 부르듯, 기대는 종종 실망을 불러옵니다.

칭찬과 인정에 매이지 말아야 한다는 것, 비난받을 때에 과민 반응을 일으켜서는 안 된다는 것은 이미 이야기했습니다. 우리가 기대해도 되는 대상은 바로 우리 자신입니다. 우리에게 부족한 면도 그대로 받아들여야 합니다. 그러면 우리의 감정을 상하게 하는 화나 분노를 줄일 수 있습니다.

배우자, 직장 상사, 이웃, 집값이 비싼 곳에 사는 부자 삼촌 등 타인에게서 아무것도 기대하지 맙시다. 우리에게 무언가를 유산으로 남겨 주어야 하는 사람은 없습니다. 우리를 즐거운 파티에 초대해 주어야 하는 사람도 없습니다. 우리를 입에 침이 마르도록 치켜세워 주어야 하는 사람도 없습니다. 우리가 다른 사람들에게 덜 기대할수록 우리는 그만큼 더 자유롭습니다.

우리가 다른 사람들에게 낮은 기준을 적용하면 놀라운 일이 일어납니다. 그들에게서 긍정적인 신호를 받을 때 더 기쁨을 느낍니다. 예상치 않게 사랑 고백을 받으면 어떨까요? 놀랍고 기쁠 것입니다. 이는 기대가 충족되지 않아 실망하게 되는 것과는 정반대 감정입니다. 누군가가 우리에게 뭔가를 빚졌다고 생각하는 것은 착각입니다. 삶은 우리에게 아무것도 빚지지 않았습니다. 건강도, 행복도, 나이 듦도 마찬가지입니다. 모든 것은 우리가 선물로 받은 것입니다. 소작지는 되돌려주어야 합니다. 그러니 우리가 이 세상에 존재하는 것은 선물임을 인식합시다. 그리고 모든 이의 기쁨을 위해 먼저 주위 사람들에게 가끔이라도 즐거움을 주면 좋을 것입니다.

8. 자기 몸과 바람직하게 교류하기

창조된 만물과 존중하는 마음을 담아 교류하는 것에는 자기 몸과 하는 교류도 포함됩니다. 그런데 오늘날은 몸을 별 가치 없는 것으로 평가하는 사람이 무수히 많습니다. 몸이 말할 수 없을 정도로 혹사당하는 것을 어떻게 설명할 수 있을까요?

몸은 서둘러 아침 식사를 마치고 빠르게 직장으로 향합니다. 뉴욕 거리에 설치된 감시용 카메라로 1983년부터 2013년까지 속도를 측정한 결과, 보행자의 속도가 최근 30년 사이에 3분의 1이 증가한 것으로 나타났다고 합니다.

직장에 도착해 몸은 자리에 앉습니다. 앉아서 일하는 직업을 가진 수많은 직장인에게서 흔히 찾아볼 수 있는 모습입니다. 몸은 오랜 시간 앉아 있습니다. 사이사이에 몸은 일어나서 패스트푸드와 니코틴으로 식사를 합니다. 그리고 다시 자리에 앉습니다. 저녁에 집으로 돌아와서도 몸은 컴퓨터 앞에 앉거나 맥주, 포도주를 마시며 계속 앉아 있습니다. 또 밤늦은 시간까지 텔레비전 앞에 앉아 추리물을 보다가 몸은 온갖 문제를 안은 채 잠자리에 듭니다. 꿈속에서도 추리물은 이어집니다.

주말에 쇼핑을 하며 걷는 것은 기분 전환이 됩니다. 쇼핑센터는 사람들이 주중에 힘들게 일해서 번 돈을 지갑에서 꺼내도록 합니다. 흥분해서 가족과 한바탕 싸우고 나면 아드레날린이 치솟습니다. 그러다 결국 몸이 아파 자신을 탓하게 됩니다. 앉아서 일하지 않는 직업을 가진 경우에도 몸은 다른 방식으로 혹사당합니다. 그러나 사람들은 어떻게 해야 몸을 더 잘 돌볼 수 있는지 관심을 갖지 않습니다.

요즘에는 좋은 근무 환경, 자신의 능력을 펼칠 기회 등 적절한 근로 조건에 대한 요청이 많은 듯합니다. 그렇더라도 본인 스스로 현명하게 결정할 수 있습니다. 자기 건강을 보살피며 일할지, 건강에 신경 쓰지 않고 일할지 말입니다. 이렇게 할 수 있는 것은 근로 시간이 크게 줄어든 덕분이기도 합니다.

건강한 삶을 살기 위해 우선적으로 해야 할 것들을 여기서 열거하지는 않겠습니다. 그런 것들에 관해서는 치료사들이나 민간요법 전문가들이 내놓는 소책자에서

읽을 수 있으니까요. 우리는 병에 걸리지 않도록 건강을 잘 관리하기 위해 적당한 운동과 적당한 수면이 필요하다는 사실을 잘 압니다. 그러나 이를 실행에 옮길 의지가 부족합니다. 우리 몸이 하는 놀라운 일을 높이 평가하지 않기 때문입니다. 우리 몸은 우리에게 총체적인 일을 하도록 합니다. 그러므로 우리의 적극적인 행동이 선행되어야 합니다.

9. 자신이 할 것들을 실행하면서 삶의 의미 찾기

최근 들어 우리는 의미 없는 탈진 증세를 많이 봅니다. 탈진은 병에 걸리게 하고 잘못된 행동을 하도록 이끌기 때문에 불안 요인 또한 널리 확산됩니다. 불쾌한 상황에서 빠져나옵시다.

단순하고 소박한 삶을 살며 평온과 만족을 누립시다. 규칙적으로 산책을 하고, 텔레비전을 멀리하며 한가한 시간을 보내고, 과일 한 접시 정도의 가벼운 저녁 식사를 하며, 소비를 줄이고, 깊은 수면에 빠지고, 촛불 옆에서 수다도 떨어 보고, 스트레스를 푸는 휴가도 보내 봅시다. 힘들게 일한 뒤에는 몸이 회복하도록, 또 영혼의 긴장이 풀리도록 길게 심호흡해 봅시다. 인간은 동물이자 동물 이상의 존재입니다. 아니, 동물과는 비교할 수 없을 정도의 존재입니다. 인간은 정신적 능력을 지닌 인격체입니다. 그러므로 자기 자신을 넘어 외부 세계로 눈을 돌리고 중요한 가치를 추구할 수 있습니다.

인간은 몸이 아프거나 불편할 때만 자신의 몸에 신경을 씁니다. 복통, 치통, 불안, 두려움, 분노는 자신에게 집중하게 합니다. 몸이 쉴 때에 인간은 영적 날개를 활짝 펴고 위로 날아오릅니다. 다른 의도 없이 자신의 관심사와 사랑에 빠질 수 있습니다.

불안해하며 자기 일을 걱정하는 것, 실패를 두려워하는 것, 기계처럼 일하는 것은 우리 존재의 의미가 아닙니다. 그렇게 하는 한 우리는 살아가면서 헐떡거리고 탈진하고 말 것입니다. 은퇴한 뒤에는 외롭게 살면서 생을 마치게 될 것입니다. 우리가 살면서 해야 할 것들, 우리가 받아들이고 의식적으로 헌신하는 것이 우리 존재에 의미를 줍니다. 봉사, 열정, 기쁨이 우리에게 의미를 줍니다. 주위 사람들과 맺는 관계도 마찬가지입니다. 우리는 이들을 위해 기쁘게 헌신할 수 있습니다. 우리를 매료시키는 만남과 체험들도 있습니다. 이렇듯 수많은 소소한 것들이 인간에게 의미를 줍니다. 이 소소한 것들 안에서, 이 소소한 것들과 함께 우리는 진정한 삶을 살 수 있습니다. 이러한 삶의 의미를 마음으로 받아들인 사람은 자유 시간만을 갈망하지 않습니다.

인생은 짧고 값집니다. 끊임없이 한탄만 늘어놓는다면 안타까운 일입니다. 삶을 의식적으로 꾸려 가는 것은 가치가 있습니다. 고령에 이르기까지 말입니다. 직장에서, 자유 시간에, 은퇴 후에도. 그러니 바로 지금 삶을 의식적으로 꾸려 나가 봅시다.

이제 불안이
즐거움으로 바뀝니다

◆ ◆ ◆

"이성과 지성, 충동은 소리가 크고 급박한 반면, 내면의 소리는 나직하고 진실하다." 누군가가 한 이 말은 인간의 내면에서 일어나는 갈등을 떠올리게 합니다. 이러한 갈등은 이미 고대 비극에서도 언급된 바 있습니다. 전반부 문구는 인간을 특정한 방향으로 내몰고, 후반부 문구는 인간에게 경고하거나 바로 지금 뉘우치도록 촉구합니다.

프랑클은 인간 내면에 있는 두 가지 면, 곧 심리적인 측면과 정신적인 측면 사이에 갈등이 있다고 합니다. 심리적인 면은 인간의 동물적 유전, 짧게 말하면 이성과 감정을 표현합니다. 반면에 정신적인 면은 특별히 인간적인 것, 그러니까 우리 인간을 인간으로 만드는 모든 것을 표현합니다. 정신적인 면은 자유와 책임, 의미와 가치로 가는 문이자 자기 자신과 거리를 두게 하고 자신을 넘어서도록 이끄는 문입니다.

정신적인 면에서 특별히 인간적인 것에는 유머가 있습니다. 어떤 대상에 대해 웃을 수 있으려면, 그것을 다른 관점, 곧 승화된 관점에서 바라보아야 합니다. 자기 자신에 대해 웃을 수 있으려면 자신을 다른 눈으로 바라보아야 합니다. 사람들은 때로는 어떤 일을 포기해야 하고, 그 일에 유해한 요소가 있는지도 인지할 줄 알아야 합니다. 이는 인간만이 할 수 있습니다. 그렇기 때문에 동물은 웃지 않습니다. 아브드 루 신[9]이 이렇게 말했습니다. "기쁘게, 진심으로 웃는 웃음은 어둠의 가장

---

9) 오스카르 에른스트 베른하르트, 《성배 이야기 *Gralsbotschaft*》 저자이며 종교적 활동도 했다. — 역자 주

강한 적이다."

인간의 이러한 잠재력은 온갖 유형의 고난과 역경, 불안과 두려움에 맞서는 최상의 무기입니다. 이는 고대 때도 이미 알고 있었습니다. 고대 시대에는 비극이 희극을 보조했습니다. 이 무기, 웃음, 유머가 어떻게 치유 영역에서 활용되는지 이야기를 들어 봅시다.

◇ ◇ ◇

엘리자베스 루카스 우리는 이미 다양한 관점을 통해 알고 있습니다. 인간이 내적·외적으로 주어진 것들에 어떤 태도를 취하느냐가 그의 삶에 커다란 영향을 미친다는 것을 말입니다. 여기서 흥미로운 점은 인간이 자신의 태도를 자유롭게 선택할 수 있다는 것입니다. 그렇지만 이미 주어진 것은 결코 선택할 수 없습니다.

제 가족에게 일어난 일을 그 예시로 들어 보겠습니다. 아들이 뜻밖의 사고를 당해 오른쪽 팔꿈치가 부러졌습니다. 깁스와 붕대를 풀고 부러졌던 부위가 완쾌된 뒤에도 아들은 오른쪽 팔꿈치를 쭉 펴려 하지 않았습니다. 다 나았기 때문에 특별히 문제는 없었지만, 그 사고 이후로 아들은 트렁크 같은 무거운 짐은 왼손으로 들어야겠다고 결심했습니다.

다시 1년이 지났습니다. 그해 여름에 아들은 휴양지에서 휴가를 보냈는데, 그곳의 부대시설인 재활 센터에서 날마다 몇 시간 동안 재활 치료를 받으라는 말을 들었습니다. 그때 물리 치료사가 아들에게 이렇게 설명했습니다. 오랫동안 쓰지 않아 오른팔의 근육이 수축되었으니 앞으로는 무거운 짐을 모두 오른손으로 들라고 말입니다. 그래야 근육이 늘어나고 힘이 생긴다는 것이었습니다. 그때부터 아들은 이 조언을 따랐습니다. 그리고 몇 달 지나지 않아 오른팔을 다시 어려움 없이 쭉 뻗게 되었습니다.

이 사례를 통해 우리는 사람들이 동일한 상황에 다른 태도를 가진다는 것을 알 수 있습니다. 이 경우에 어떤 사람은 오른팔이 더 이상 제 기능을 수행할 수 없으니 이 오른팔을 보호해야 한다고 생각할 수 있습니다. 다른 사람은 오른팔이 더는 제 기능을 수행하지 못하므로 이 오른팔을 단련시켜야 한다고 생각할 수도 있습니다. 동일한 상황이지만 생각은 서로 다릅니다. 그리고 이에 따라 아주 다른 결과가 나옵니다. 팔을 못 쓰게 되거나 제대로 쓸 수 있게 되거나.

직장에서 일어나는 상황도 예를 들어 보겠습니다. 누군가는 이런 생각을 가지고 있습니다. '나는 직장 동료들에게 이용만 당해. 난 어리석어. 온갖 사소한 일만 도맡아 하는 잡일꾼일 뿐이야.' 그러나 이런 생각을 가질 수도 있을 겁니다. '동료들은 나를 무척 신뢰해. 내가 자기들을 위해 늘 해결책을 찾는 것을 알아. 모든 일이 잘 진행되도록 도와줘야지. 내가 없으면 일이 뒤죽박죽될 거야.'

저는 사람들에게 이용당할 수 있음을 알리려는 게 아닙니다. 동일한 상황에서 취하는 개인의 태도가 얼마나 다른지를 말하고자 하는 것입니다. 자신이 어떤 마음가짐을 가지느냐에 따라서 더 기쁘게 살거나 더 힘들게 산다는 것을 알 수 있습니다.

우리가 이 책 앞부분에서 이야기했었던 불안 장애를 다시 이야기해 보겠습니다. 불안 장애는 겉보기에 일종의 다람쥐가 쳇바퀴를 돌듯 압박을 줍니다. 뭔가 나쁜 일이 일어날지도 모른다는 예기 불안은 나쁜 일이 일어나도록 유혹합니다. 그리고 유혹에 넘어가 나쁜 일이 일어나게 되면 이는 예기 불안을 키웁니다.

어떤 대학생은 이번 학기 세미나에서 발표할 때 핵심을 놓치고 중간에 막힐까 봐 몹시 불안했습니다. 발표하러 앞으로 나가 강단에 서니 담당 교수와 그 세미나에 참석한 모든 학생의 눈이 자기를 향했습니다. 그는 머릿속이 하얗게 되어 그동안 애써 준비한 내용을 잊어버릴까 봐 극도로 불안했습니다. 심리적으로 큰 충격을 받았습니다. 부끄러움도 몰려왔습니다. 다음번 발표 때가 왔습니다. 예기 불안은 조금 더 커져 있었습니다.

본격적으로 다람쥐의 쳇바퀴가 돌아갑니다. 그 대학생은 힘든 상황을 피해 달아났습니다. 세미나 발표를 앞두고 늘 병이 났습니다. 구두시험을 치를 때에는 부정행위를 했습니다. 그는 학업을 중단했습니다. 막다른 골목으로 내몰린 것입니다. 사람들 앞에서 말하는 게 더욱더 힘들어집니다. 자신이 연습하지 않은 것은 해낼 수 없기 때문입니다.

프랑클은 불안 장애가 있는 수많은 환자를 치료하면서 환자들이 어떻게 반복되는 불안에서 빠져나올 수 있는지 연구했습니다. 그리고 방법을 찾았습니다. 바로 '역설적 의도' 방식입니다. 불안할 때 환자들은 자신들이 벌벌 떨며 두려워하는 대상을 역으로 원하라는 지시를 받았습니다. 이는 터무니없는 말 같습니다. 이는 상반된 태도입니다. 제 아들이 휴양지에서 치료받을 때 배운 것처럼 말입니다. 팔을 쓰지 않는 것이 팔에 부담을 덜어 준 게 아니라, 오히려 팔에 부담을 안겨 주었습니다.

예기 불안이 엄습하면 이렇게 해 보십시오. 나쁜 일

이 일어날 것이라 예상하며 덮어 놓고 두려워하지 말고, 오히려 그 일을 용기 내어 원하고 침착하게 견뎌 보십시오. 불안과 소망은 심리적인 적입니다. 플러스와 마이너스는 수학적인 적이고, 더위와 추위는 물리적인 적이듯 말입니다. 적, 동시에 작용하면 상쇄되는 것입니다. 어떤 수에 2를 더했다 2를 빼면 수에 변화가 없습니다. 냄비에 담긴 물을 끓여 5도 높였다가 5도 냉각하면, 그 물은 처음 상태로 있게 됩니다.

스키 타는 것이 겁나면서도 동시에 스키를 타고 싶어 하는 사람은 마음이 침착합니다. 스키 타는 것이 그를 두렵게 하지 않습니다. 그는 스키 타는 것에 중립적 입장을 보입니다. 소망이 두려움을 몰아냅니다. 불안의 수위가 낮아지면, 그것이 불안의 활동을 막습니다. 프랑클이 늘 강조했듯 말입니다.

여기서 이런 물음을 던져 볼 수 있습니다. 불안 장애를 가진 사람이 어떻게 해야 그 불안에서 벗어나 자유로워질 수 있을까요? 이때 유머를 사용할 수 있습니다.

유머는 단단히 조여진 신경을 풀어 줄 것입니다. 또 유머는 손에 땀을 쥐게 하는 드라마와 일정한 심리적 거리를 유지하도록 합니다. 그러면 이 드라마는 진지함에서 벗어나 사람들이 한바탕 크게 웃는 수준의 가벼운 드라마로 바뀔 것입니다.

이 대학생이 발표 때 겪는 불안에 우리가 어떤 도움을 줄 수 있는지 깊이 생각해 봅시다. 먼저 그가 역설적으로 무엇을 간절히 원해야 하는지 확인해야 합니다. 그가 가장 두려워하는 것은 무엇일까요?

불안에 얽매인 많은 사람은 자신을 덮친 불안 한가운데에 무엇이 있는지 정확히 알지 못합니다. 주변에서 다양한 유령을 봅니다. 그래서 불안 자체를 지속적으로 두려워합니다. 그들에게는 자신이 안고 있는 불안과 대화하도록 조언해 줄 수 있습니다. "자리에 편히 앉으세요. 그리고 불안해하는 당신의 얼굴을 바라보세요." 이어서 이렇게 말해 줄 수 있습니다. "이제 불안에 도전하세요. 그러려면 자기 의견을 말해야 합니다. 자기 생각을 숨김

없이 털어놓아야 합니다. 당신의 불안은 무엇으로 당신을 위협하나요? 당신의 불안은 무엇으로 당신을 놀라게 합니까? 당신의 불안이 당신에게 맞서 자기 마음대로 하는 것이 무엇입니까?"

그 대학생이 "당신이 가장 두려워하는 게 무엇입니까?"라는 질문을 받았다면, 그는 아마도 이렇게 대답할 수 있을 것입니다. "세미나 담당 교수님이 모든 학생 앞에서 저를 '게으름뱅이'라며 꾸짖고 쓸모도 없고 뭘 배웠냐고 모욕하는 것이 가장 두렵습니다." 이로써 불안은 위협 수단으로 드러났습니다. 좋습니다. 불안은 이렇게 위협해서 그 대학생을 꼼짝 못하게 했습니다. 세미나 발표 준비를 꼼꼼히 했음에도 불안이 그의 기억을 일시적으로 잃게 하고, 그를 안절부절못하게 하고, 그의 학업을 중단시키려 합니다. 불안이 그래도 됩니까? 안 됩니다!

우리는 그 대학생에게 이렇게 조언할 수 있습니다. 자신의 불안에 역습을 가하고, 그 불안을 자신의 삶 밖으로 내던지라고 말입니다. 그러려면 그는 그 위협 수단을 우스운 것으로 만들어야 합니다. 글자 그대로 그것에 대해 웃게 해야 합니다. 그는 이렇게 말할 수 있을 것입니다. "아, 불안아, 네가 일으킨 교수님 사건은 나를 비참하게 했어! 그 교수님은 자신이 원하는 만큼 내게 퍼부었지. 근데 그분은 결국 대학에서 징계받을 거야. 그러면 그분도 알게 되겠지! 세상에는 게으름뱅이도 있는 법이라는 걸 말이야. 세상에 야심가만 산다면 우리가 사는 세상은 어떻게 되겠어. 다음번에 발표를 하게 되면, 나는 게으름뱅이를 대표해서 세미나 발표를 멋지게 해낼 거야. 참, 궁금한 게 있어. 내가 앞에 나타나는 모습을 그 교수님이 어떤 눈으로 바라볼까?"

그 대학생이 자신의 불안과 그런 대화를 나누었다면 어땠을까요? 여유 있게 미소를 띠며 강단에 올라갔다면? 중간에 멈추지 않고 세미나 발표를 무사히 마쳤다면? 그의 오랜 불안은 위협하기를 포기할 것입니다. 그리고 그 학생의 영혼을 더 이상 공격하지 않을 것입니다.

자신이 지금까지 두려워해 온 대상을 가슴에 품고 불안에 맞서 웃을 용기를 내는 사람은 진정한 승자입니다. 그는 가까이에서 빛을 내며 자리를 점령했던 유령들을 모조리 쫓아냅니다. 현실이 자신이 생각했던 것보다 반 정도만 안 좋은 것임을 알게 됩니다. 불안에서 벗어난 대학생이 진짜 실수를 저질렀다면, 교수가 그를 꾸짖을 만한 명확한 이유를 가지고 있다면 그러한 것들을 예상보다 훨씬 가볍게 받아들일 수 있을 것입니다. 그리고 다른 학생들도 그가 생각했던 것보다 더 많이 이해해 줄 수 있을 것입니다.

우리 삶에는 온갖 위험을 일으키는 힘 말고도 보호하는 힘이 있습니다. 우리는 이 힘이 살아 있고 혼이 담겼음을 느낍니다. 이 힘은 불필요한 불안과 두려움을 떨쳐 버리게 해 줍니다. 그리고 신뢰하며 삶에 뛰어들도록, 삶을 향해 도약하도록 이끌어 줍니다.

우리는 다시 근원적 신뢰라는 땅에 착륙했습니다. 신뢰가 부족하면 잃는 것이 많습니다. 자기를 신뢰하는 것도 마찬가지입니다. 저를 찾아온 어떤 젊은 여성이 생각납니다. 유능한 발레리나인 그녀는 어린이 발레단을 지도해 카니발[10] 극을 공연해야 했습니다. 아이들은 그녀의 동작을 따라 하며 익혔습니다. 이 젊은 여성은 이미 이런 행사에 여러 번 참여했지만, 매번 무대 위에서 압박감에 시달렸습니다. "저는 무대 위에서 분명 비틀거리고 쿵 하며 넘어질 거예요." 그녀는 제게 하소연했습니다. "저는 잠을 잘 수 없어요. 수프를 더는 한 숟가락도 넘기기 어려워요. 신경이 과민해졌고 기진맥진한 상태고요. 이번 행사에는 참여하지 못하겠어요. 다른 동료에게 이 일을 맡아 달라고 부탁할 거예요."

저는 그녀를 말렸습니다. 달아나는 것은 해결책이 아닙니다. 불안은 이번 카니발이 아닌 다른 때에도 거듭 찾아올 것입니다. 불안은 살면서 다른 때에, 여러 유형으로 찾아옵니다. 달아나서는 안 됩니다. 저는 그녀에게

---

10) 가톨릭 문화권에서 사순절 시작 전 3일에서 일주일에 걸쳐 거행되는 축제다. — 역자 주

완전히 이상한 것을 시도해 보라고 조언했습니다. 그녀는 창의적이니 이번 기회에 '비틀거리고 쿵 하며 넘어지는 춤'을 창작해 보라고 권했습니다. 그 춤은 카니발 극에도 안성맞춤일 거라고 덧붙였습니다. 그러면 아이들도 그녀와 함께 박자를 맞추면서 비틀거리고 쿵 하며 넘어졌다가 다시 일어나 계속 춤을 출 것입니다. 그 춤은 모두에게 흥미와 즐거움을 줄 것입니다.

제 말을 듣고 그녀는 웃었습니다. "그렇게 하면 아이들도 분명 신이 날 거예요!" 이렇게 맞장구치더니 제게 다시 물었습니다. "그런데 성인 관객들은요? 그들은 자리에서 당장 일어날 거예요. 또 이러쿵저러쿵 뒷말도 많을 거예요." 저는 이렇게 답했습니다. "염려하지 마세요! 당신이 창작한 춤을 될 수 있는 한 열정적으로 추세요. 한껏 즐기는 듯한 모습을 보이며 비틀거리세요. 쿵 하고 바닥에 넘어지면서 가장 우스운 표정을 지으세요. 그 카니발 극은 무난히 진행되고 대성공을 거둘 거예요." 그녀는 절반은 회의적인 표정을 짓고 절반은 미소 지으며 제 진료소를 떠났습니다.

제가 그 여성을 다시 보았을 때는 더 성숙해져 있었습니다. 그녀는 불안을 유발하는 유령들에게서 벗어났습니다. 그 이유는 우리의 대화 덕분만은 아니었습니다. 카니발 극도 성황리에 끝났습니다. '비틀거리고 쿵 하며 넘어지는 춤'을 출 기회는 생기지 않았습니다. 모든 게 완벽하게 진행되었습니다. 그 젊은 여성은 자신의 과도한 불안이 얼마나 불필요한 것인지 다시 한번 깨달았습니다. 그녀에게 깊은 인상을 남긴 다큐 영화도 있다고 했습니다. 그녀는 제게 그 장면을 설명했습니다.

그 영화에 등장한 한 남자는 담당 의사에게서 청천벽력 같은 말을 들었습니다. 자기는 불치병에 걸렸으며, 앞으로 6개월 정도밖에는 살 수 없다는 것이었습니다. 이 남자는 잠시 깊이 생각하더니 의사에게 이렇게 말했습니다. "6개월은 긴 시간입니다. 이 정도의 시간이면 제가 하고 싶었던 많은 일을 할 수 있겠네요. 세상에는 제게 남은 6개월보다 더 짧게 살다가 죽는 사람들도 많을 테고, 죽음을 전혀 모른 채 죽어 가는 사람들, 죽음을 준비하지 못한 채 죽어 가는 사람들도 많을 겁니다. 그런 사람들에 비하면 저는 운이 좋습니다. 이제 제게 남은 시간을 값지게 쓰겠습니다. 박사님은 제게 큰 선물을 주셨어요. 진심으로 감사드립니다, 박사님!"

젊은 여성은 이렇게 말했습니다. "그 영화에 나온 남자처럼 저도 강인한 사람이 되고 싶어요. 그동안 저는 제가 맡은 발레 무용극이 실패할지도 모른다는 이유로 오만 가지 생각을 했어요. 그렇지만 제가 건강하다는 사실은 전혀 인지하지 못했어요. 제가 자유롭게 움직일 수 있고 아무런 제한 없이 미래를 계획할 수 있음을 전혀 생각해 보지 않았어요. 이젠 제가 달라져야 한다는 생각이 들어요."

저는 그녀의 결심을 굳혀 주었습니다. "당신의 근원적 신뢰가 자라나게 하세요." 그리고 이렇게 덧붙였습니다. "당신에게는 발레 무용극을 맡을 때에도, 심각한 진단을 받을 때에도 도움이 될 도구가 있습니다. 근원적 신뢰입니다. 근원적 신뢰가 약해지면 본능적 불안이 말을 합니다. 불안은 모습을 자주 드러내고, 숨을 때도 있습니다. 그러다가 결국 고유한 자아를 없애 버립니다. 이처럼 불안은 우리를 위협합니다. 우리가 실패하거나 잘못을 저지르거나 병들었거나 죽음의 문턱에 들어서면 자아는 힘을 잃습니다. 반면에 근원적 신뢰는 내면 깊은 곳에서 자신을 알립니다. 이 내면 깊은 곳에서는 사랑과 자비와 용기와 지혜가 인간의 삶에서 자기 자리를 굳건히 지키며 작은 불꽃을 냅니다. 당신에게 그토록 깊은 감동을 준 그 영화의 장면이 당신의 마음을 강하게 끌어당기고 본보기가 되었다면, 당신은 이미 근원적 신뢰로 가는 길에 있는 겁니다."

그 젊은 여성은 마음의 안정을 되찾았습니다. "선생님 말씀이 맞습니다. 선생님은 제게 많은 도움을 주셨어요." 그녀는 작별 인사를 하면서 제게 이렇게 말했습니다. "저도 앞으로 얼마나 오래 살지 모르니 이제부터는 제게 주어진 시간을 의식적으로 바람직하게 쓰도록 노력할게요. 그리고 무의미한 불안이 다시 한번 제 안에 자리를 잡고 앉아 저의 소중한 시간을 방해하려 한다면, 그것을 비틀거리게 하고 넘어지게 하겠습니다. 불안은 더 이상 저를 괴롭히지 못할 거예요!" 그녀는 활기에 차서 경쾌한 발걸음으로 제 진료소를 떠났습니다.

저는 제가 치료한 이 여성이 자랑스럽습니다. 그녀가 자신의 불안을 극복하는 과정에서 배운 교훈은 그녀가 발레를 배우고 연습한 것보다 훨씬 더 가치 있습니다. 그녀도 몇 년 동안 기뻐할 것입니다.

역설적 의도는 불안 장애를 비롯해 이와 연관된 다른 경우들, 그러니까 불필요한 불안, 과도한 불안의 경우에도 적용할 수 있습니다. 그러나 현실적으로 타당한 불안에는 당연히 적용되지 않습니다. 동물원 조련사에게 이가 아픈 호랑이와 입맞춤을 하라거나, 이와 유사한 행위를 해 보라고 권해서는 안 될 것입니다.

이 책 앞부분에 등장했던 질케의 경우에 뇌우에 관한 두려움에서 끌어내 줄 수 있습니다. 지그재그로 번쩍하는 번갯불이 그녀의 거실과 침실을 지나가도록 원하라고 그녀에게 조언해 줄 수 있습니다. 번갯불이 그녀가 지금 사용하는 낡은 가구를 모조리 태워 버린다면, 멋진 새 가구를 집 안에 들일 수 있을 것입니다. "자, 번개야, 해 봐. 저 흠집 난 소파를 태우는 것을 잊지 마. 저기 구석에 놓인 덜컹거리는 책장도 까맣게 태워 줘." 그녀가 창가 뒤 안전한 곳에 서서 이와 같은 유머 있는 요청을 계속한다면, 우리는 이렇게 말할 수 있을 것입니다. "오늘은 번개의 상태가 좋지 않군. 사람의 요청을 들어주려 하지 않아. 질케는 안타깝게도 낡은 소파와 책장을 치우지 못한 채 살아가야 할 거야. 하지만 뇌우를 무서워하는 마음은 곧 사라지겠지."

역설적 의도는 뭔가 두려운 대상이 나타나기를 바라는 일종의 자발적인 소망, 유머 있으면서도 도전 정신을 가지고 자신을 극복하는 생산적인 소망입니다. 보통의 경우라면 그러한 소망은 허무맹랑합니다. 평소에는 병을 두려워하고, 병들기를 바라지 않습니다. 주가 폭락,

화재 등등을 두려워하고, 그런 일들이 일어나기를 바라지 않습니다.

패닉 상태에 빠진 환자들은 닥치지 않을 것 같은 위협을 늘, 과도하게 두려워합니다. 그 결과, 그들이 안고 있는 두려움은 그들의 삶을 크게 방해합니다. 이는 어쩌면 일어날지도 모를 불쾌한 일이 그들의 삶을 방해하는 것보다 훨씬 심각합니다.

그들은 시험 볼 때 혹시 잘 못 치를까 몹시 두려워합니다. 이러한 두려움은 시험을 치르는 데 충분한 지식을 갖추고 있음에도 문제를 풀 수 없게 합니다. 그들은 어떤 모임에서 다른 사람들의 웃음거리가 될까 몹시 두려워합니다. 이는 그들을 부끄럽고 자신감 없게 합니다. 그들은 병균에 전염될까 극단적으로 두려워합니다. 이는 그들의 결벽증을 심해지게 합니다. 그들은 교통사고를 광적으로 두려워합니다. 이는 그들이 여행하지 못하게 방해합니다. 이처럼 그들은 사소한 일들을 몹시 두려워합니다. 그들은 결국 자기 자신 속으로 들어갑니다. 그리고 아무것도 신뢰하지 않습니다. 이때 역설적 의도를 적용하는 것이 그들에게 도움이 될 수 있습니다.

"시험을 치를 때에는 아는 것만 풀겠다고 생각하자!"라고 말해 보십시오. 웃음이 나오나요? 웃음은 불안의 정반대입니다. 점수에 신경을 적게 쓰는 사람은 안 좋은 결과에 몸을 벌벌 떨 필요가 없습니다. 따라서 그는 아는 문제를 풀 수 있게 됩니다.

"파티 장소에 가면 그곳에 온 사람들에게 비웃음당해도 좋다고 생각하자. 누군가는 분위기를 재미있게 만들어야 한다!" 대범한가요? 그렇습니다. 대범함은 불안의 정반대입니다. 비웃음도 받아들이는 사람은 뒤로 물러설 필요가 없습니다. 그는 자유롭게 행동합니다.

"주변에 온통 병균이 잠복해 있어. 이럴 때에는 일주일 정도 침대에 누워 재미있는 책을 읽으며 지내는 것도 그다지 나쁘지 않아. 그리고 의사들도 돈을 벌어야지!" 마음이 평온한가요? 당연히 그럴 것입니다. 평온은 불안의 정반대입니다. 어떤 전염병을 덤으로 받아들이는 사람은 집 안을 쓸고 닦아야 한다는 압박을 받지 않습니다. 그는 더 나은 것을 위해 자유롭게 행동합니다.

"요즘은 비행기 추락, 기차의 선로 이탈, 버스 전복, 자동차 충돌 사고가 종종 일어난다! 이렇게 모험적인 일이 일어나지 않는다면 인생은 얼마나 재미없을까!" 무분별하다고까지 여겨질 만큼 모험적인가요? 그렇습니다. 모험도 불안의 정반대입니다. 삶의 한계에 만족하는 사람은 죽음을 지속적으로 생각하지 않을 것입니다. 아주 멋진 여행을 즐길 겁니다. 이때 역설적 의도가 마치 방어막처럼 불안에 사로잡힌 사람 위에 펴집니다. 그리고 건강한 고집과 특이한 유머를 도구로 사용하면서 그가 상상 속의 끔찍한 장면들을 진지하게 받아들이지 않도록 지켜 줍니다.

오스트리아의 동물 행동학자이자 비교 행동학의 창시자인 콘라트 로렌츠를 비롯해 다른 행동 연구가들의 책을 보면, 동물 세계에 이와 유사한 것을 기술한 내용이 나옵니다. 예를 하나 들겠습니다. 늑대 두 마리가 오래전부터 격렬히 싸웁니다. 누가 더 힘이 센지, 누가 싸움에 이길지 판가름 날 때까지 그렇게 계속 싸웁니다. 그러다 상대에게 죽을 정도로 물릴 것 같은 힘이 약한 늑대는 이 위험한 상태에서 벗어나야 한다는 것을 알아차립니다. 그래서 고분고분해집니다. 자신의 급소를, 가장 위험한 경동맥이 있는 부위인 목을 상대의 송곳니에 갖다 댑니다. 상대가 자기 목을 편히 물 수 있도록 그렇게 행동하는 것입니다. 그것은 역설적 의도가 아닙니다. 싸움에서 진 동물의 태도는 승자에게 자기를 마음대로 하라는 것을 명확히 표현한 겁니다. 상대에게 자신의 가장 민감한 부위를 내놓는 것은 선처를 바란다는 뜻이 담겨 있습니다.

이러한 순종적인 태도와 관련해서는 심리 치료 영역에서 역설적 의도를 적용하더라도 아무것도 설명할 수 없습니다. 오히려 의도된 것은 이뤄지지 않았습니다. 승리한 늑대는 패배한 늑대를 물지 않습니다. 로렌츠는 승리하는 동물의 사회적 제압에 관해 언급했습니다. 이런 유형의 제압은 패배한 동물의 순종적인 태도와 연결되어 있다는 것입니다. 이러한 사회적 제압의 의미는 종족 보존을 위해 자신의 종種을 근절시키지 않는다는 데에 있습니다. 우리 인간은 이 늑대에게서 무언가를 배울 수 있을 것입니다.

사실은 힘센 적에게 맞서 더 이상 싸우지 않고 상대에게 기꺼이 먹히려고 행동한 늑대는 구조되었습니다. 자신의 두려움에 맞서 더 이상 싸우지 않고 자신이 두려워하는 대상에게 다가오라며 과하게, 단호하게 바란 환자 역시 구조되었습니다. 어디로 들어가 구조되었을까요? 마음속의 '1001'[11]개나 되는 수많은 공간을 지나 내면 깊은 곳에 이르러 거기서 구조된 것입니다. 거기서 그의 두려움이 사라진 것입니다.

이제 그는 다시 흥미로운 일을 찾고 그 일을 즐겁게

---

11) 중동의 구전 문학 《천일 야화》를 상징적으로 이르는 말로 생각할 수 있다. 이러한 맥락에서 독일의 광고계에서는 1001개의 게임, 1001개의 비누 등과 같은 표현으로 쓰인다. — 역자 주

실행할 수 있습니다. 그는 다른 사람들에게로 다시 자연스럽게 다가갈 수 있습니다. 친구들과 지인들도 자주 만날 수 있습니다. 그들과 함께 뭔가 건설적인 것을 실행하거나 체험할 수 있습니다. 함께 노래를 부르고, 전시회에 가고, 문학 작품을 가지고 토론하는 등등 많은 것을 할 수 있습니다. 그러면서 풀리지 않는 문제들, 탄식이 터져 나올 정도로 큰 걱정거리, 바람직하지 않은 것 주위를 맴도는 자신의 모습을 완전히 떨쳐 낼 수 있습니다. 그런 것들에 짓눌리지 않고, 자기 삶의 더 높은 고지를 의식적으로 바라보고 환호하면서 그것을 향해 나아갈 수 있습니다.

그는 더 이상 고지로 올라가겠다는 강박을 갖지 않습니다. 그렇지만 그의 삶을 이루는 산맥의 봉우리마다 영광의 관이 씌워질 것입니다.

◆ ◆ ◆

　엘리자베스 루카스가 지금까지 행복한 삶을 위한 다양한 방식을 설명했습니다. 그녀가 알려 주는 바람직한 길들을 따라간다면, 우리는 헤매지 않을 것입니다. 정신적·영적 건강은 중요한 재료가 다 들어간 칵테일과 같습니다. 자신 안에 있는 심각한 불안을 바꾸고자 하는 사람은 그에 맞게 풍미 있는 영약을 섞어야 합니다. 우리가 살면서 느끼는 불안을 극복하기 위해 알아야 할 것을 이렇게 요약하고자 합니다.

1. 근원적 신뢰
   근원적 신뢰는 우리에게 희망을 주고 자신감을 강하게 해 줍니다.
2. 휴식과 침묵
   우리가 인생의 교차로에 섰을 때 내면의 소리는 우리를 바른길로 인도합니다.

3. 유머

자신을 보며 웃어 봅시다. 우리 자신을 소중히 여기고, 다른 것도 소중하게 받아들일 수 있습니다.

4. '그럼에도, 예'라고 답하는 굳은 의지

때로 직면하게 되는 불행과 고통을 견뎌 내고, 건강한 영혼을 지닐 수 있습니다.

5. 기쁨과 즐거움을 찾는 마음

다른 사람들에게 바라는 것, 요구는 내려놓고 기쁨과 쾌활함을 지닐 수 있습니다.

6. 때마다 순간의 의미를 찾기

우리가 개인적 차원 및 사회적 차원에서 인류의 미래를 개척할 수 있는지 없는지는 결국 의미를 찾는 우리 각자에게 달렸습니다. 미래에는 평온이 넘쳐야 합니다. 사람들 사이에도 평온이 깃들어야 하고, 자기 자신과도 평온을 이루어야 합니다.